당신이 몰랐던
결투의 세계사

일러두기

• 인용된 작품들 가운데 국내에 출간된 것은 한국어판 제목으로 표기했고,
  출간되지 않은 것은 번역한 뒤 원제목을 함께 적었다.
• 모든 각주는 역자 주이다.

당신이 몰랐던
결투의 세계사

스파르타쿠스는 어쩌다 손흥민이 되었나

하마모토 다카시, 스가노 미치나리 지음
노경아 옮김

지금까지 우리에게 결투란 신화나 전설처럼 막연한 이야기였다. 그러나 실제로 유럽의 결투를 주도한 이들은 신화나 전설의 주인공이 아니라 왕족, 귀족, 청년 장교 등 사회를 주도한 엘리트 계층이었다. 일설에 따르면 철혈 재상으로 유명한 비스마르크도 학생 시절에 무려 25번이나 결투를 치렀다고 한다. 대문호 괴테도 실제로 결투를 경험했고, 유명한 사회 활동가 라살레는 결투로 목숨을 잃기까지 했다. 러시아의 국민 시인 푸시킨도 37세에 결투로 죽었다. 그러나 결투의 역사는 이처럼 몇몇 일화를 통해 단편적으로만 알려져 있을 뿐이다. 결투는 지금까지 법학적 연구만 이뤄졌을 뿐 본격적인 역사학적, 사회학적 연구가 거의 이뤄지지 않았다.

물론 이야기를 좋아하는 사람들이 결투를 화제로 삼거나 문학 작품에 결투 장면을 넣기도 했다. 하지만 유럽에서조차 특정한 결투 사건이 단독으로 거론되거나 그 실상이 명확하게 밝혀진 적은 없다. 그런데 사람들이 결투에 푹 빠졌던 사회적 배경을 살펴보면, 당시의 사회 규범이나 통치 등의 지배 구조, 종교 및 윤리관 같은 다양한 요인이 결투에 얽혀 있음을 알 수 있다. 그래서 이 책은 유럽의 결투사를 사회문화사의 일부로 간주하고 그 실상을 고대, 중세, 근대에 걸쳐 체계적으로 정리해 보았다.

결투를 냉정하게 분석하면 거기에 선악 판단, 명예 회복, 투쟁심 해소, 신명 재판[1] 등 다양한 개인적, 사회적 의미가 포함된 것을 알 수 있다. 그래서 결투에는 종교, 정치, 사회 규범 등이 깊이 개입해 있다. 실제로 유럽인은 결투할 때 공평한 규칙에 따라 수행원을 선정하고 검이나 권총 등 다양한 무기 중 무엇을 쓸지 정했다. 결투는 형식에 따라 공개 또는 비공개, 공적 결투 또는 사적 결투, 법적 재판의 일종인 결투 재판 또는 신명 재판 등으로 나뉜다.

특히 중세에는 기사와 귀족 계급이 기사도를 사회 규범으로 삼았으므로 결투가 널리 확대되었고 '결투 문화'가 당대를 풍미했다. 귀족은 귀족답게 행동하라는 뜻의 '노블레스 오블리

---

1 피고의 신체에 해를 가해 일어나는 결과에 따라 죄의 유무를 판단하는 중세 유럽의 재판 방식.

주'라는 말이 당시 사회의 정신적 지주 역할을 했는데, 귀족들은 그 말에 따라 결투까지 불사하여 귀족으로서의 명예를 지키려고 애썼다. 그런 의미에서는 결투가 봉건 체제의 사회 규범을 보완하는 장치로 작용했다고 할 수 있다. 또 민중은 공개 결투를 일종의 오락으로 여겨 축제의 행사처럼 구경했다. 그러나 근대 이후 결투의 야만성을 비판하는 사람이 늘었고, 특히 기독교와 계몽 군주 등 종교계와 정치계가 결투를 금지하고 나섰다. 그래도 결투는 오랫동안 사라지지 않았다. 결투는 입헌제 확립 이후 불법 행위로 낙인찍혔지만 비공식적, 사적 결투의 형태로 존속했다.

그러나 근대가 되자 결투는 결국 과거의 유산이 되었고 그 역할을 두 가지가 대신하게 되었다. 첫 번째는 법적 재판이다. 근대 이후에는 명예 훼손 등 분쟁이 발생했을 경우 법정에 가서 검사, 변호사, 판사의 판결을 받는 것이 보통이 되었다. 즉 법률이 사회의 최고 규범이 된 것이다. 이와 관련하여, 결투 절차에서 유래한 재판 절차를 잠시 소개할 것이다.

두 번째는 스포츠다. 스포츠가 사람들의 투쟁심과 승부욕을 흡수했기 때문에 결투는 분해되고 해체되어 사라질 수 있었다. 이 책 후반에 그 과정이 집중적으로 소개되어 있다. 그런 의미에서 책 제목인 '당신이 몰랐던 결투의 세계사'란 결투가 스포츠로 변하는 역사까지 다 포괄하는 개념이라고 할 수 있다.

그러나 야만적인 결투가 소멸했다고 하여 세상의 모든 분쟁이 재판이나 스포츠로 대체되고 해소된 것은 아니다.

가장 큰 분쟁은 말할 것도 없이 전쟁이다. 결투는 개인의 분쟁이고 전쟁은 국가 또는 집단의 분쟁이므로 주체는 다르지만, 무력으로 분쟁을 해소하려 한다는 점은 본질적으로 같다. 그런데 과거의 유물이 된 결투와는 달리, 전쟁은 고대부터 현대까지 분쟁 해결의 수단으로 끊임없이 존속하고 있다. 이 책에서 소개한 결투 억제 대책이나 결투 금지 조치가 전쟁을 없애는 데 조금이라도 도움이 되기를 간절히 바란다.

책의 구체적인 내용을 소개하자면, 전반의 제1장은 총론으로, 유럽의 결투사를 개관하고 결투가 고대에서 근대까지 어떤 역사적 과정을 거쳤는지 알아본다. 제1장을 통해, 귀족과 엘리트 계급이 명예를 지키기 위해 결투라는 수단을 선택했다는 사실을 이해하게 될 것이다. 단, 같은 유럽이라도 그 과정은 나라나 지역마다 크게 달랐다. 각각의 지역 특성, 국가별로 달랐던 상황까지 살펴보겠다.

사실 미국의 결투 역사는 이 책의 범주 밖의 이야기다. 그러나 '결투'라고 하면 서부극을 떠올리는 독자가 많을 듯해서 유럽 결투사 뒷부분에 '미국 결투의 특징'과 '서부극의 허상과 실상', '결투를 반복한 미국 대통령' 등의 내용을 보강해 두었다. 건국 당시 미국에는 왕족도 귀족도 없었지만, 통치 기구가 정비되지 않은 탓에 사적 결투가 매우 빈번했다.

제2장에서는 로마 가톨릭 교회가 결투를 금지하고 봉건 왕, 계몽 군주 등 지배층이 결투 근절에 힘쓴 역사를 되짚어 보았다. 이처럼 종교적 윤리나 정치 방침에 따라 금지령이 되풀이되었는데도 유럽에서 결투는 번번이 불사조처럼 되살아났다. 단, 영국만은 조기에 결투를 종식시켰다. 다른 유럽 국가보다 이른 시기에 자본주의가 정착하고 귀족을 대신할 부르주아 계급이 대두했기 때문이다. 부르주아 중에도 귀족을 동경하는 사람이 있었지만, 대부분은 야만적인 결투를 싫어했다. 한편 프랑스와 독일에서는 근대까지도 결투가 성행했다. 왜 어떤 나라에서는 결투가 사라지고 어떤 나라에서는 여전히 성행했는지, 제2장에서 그 실상을 파헤쳐 보자.

제3장에서는 독일 학생 단체에서 벌어지는 진검 결투 '멘주어Mensur'와 청년 장교들 사이의 결투를 살펴보았다. 독일은 근대에 결투가 가장 성행한 나라인 만큼, 18세기부터 19세기 사이에 벌어진 괴테, 라살레, 비스마르크 등 저명인사의 결투까지 구체적으로 알아보았다. 제3장에서는 독일의 독특한 면을

분석하는 과정을 통해 독일 사회가 왜 항상 보수적인지, 멘주어가 왜 현대까지 존속하는지 이해할 수 있을 것이다.

후반의 제4장은 '결투에서 스포츠로'라는 주제다. 유럽에서 결투가 쇠퇴하고 스포츠가 그 자리를 대신하는 과정을 스포츠의 역사와 함께 살펴보았다. 근대 이후에는 모든 명예 훼손이나 인격 모독 행위가 법의 심판을 받게 되었고 귀족의 자부심도 그 의미를 거의 잃어버렸다. 귀족과 전통의 굴레를 늦게까지 벗어던지지 못했던 유럽인도 결국은 불법 행위인 결투를 부정하게 되었다. 유럽의 모든 나라가 마찬가지여서, 독일 학생 단체 내에서 조건부로 승인된 것만 제외하고 모든 결투가 범죄로 규정되었다.

이윽고 결투의 빈자리를 대신하듯 스포츠가 큰 인기를 누리기 시작했다. 직접적인 사례로는 유럽의 진검 결투가 펜싱으로, 권총 결투가 사격으로 변한 것을 들 수 있지만, 그 외에 영국의 토종 스포츠인 핏볼[2], 테니스, 크리켓 같은 구기 종목도 결투에 뿌리를 두고 있다. 야만성이 있느냐 없느냐가 다를

---

2 테니스 라켓보다 조금 작은 라켓으로 26개의 구멍이 뚫린 가벼운 플라스틱 공을 치는 여성용 스포츠. 좁은 곳에서 혼자 벽을 치거나 여러 명이 네트 없이 배드민턴처럼 즐기기도 한다.

뿐, 승부를 가린다는 점에서 결투와 스포츠는 동일하다. 결투의 야만적 폭력성을 규칙으로 통제하려 했던 근대인의 지혜를 되짚어 보자.

영국에서 통일된 규칙을 갖춘 근대 스포츠는 지역 행사, 공립학교 교육을 발판 삼아 세계로 뻗어 나갔다. 이들 스포츠가 현대인에게 사랑받는 이벤트로 발전하는 과정에는 의회제 민주주의 및 대영 제국으로 세계에 군림한 영국의 식민주의가 깊이 관련되어 있다. 세계의 인기 스포츠 종목이 영국에서 나온 것도 다 그 때문이다. 이리하여 스포츠는 영국의 식민지였던 미국, 호주, 인도를 비롯한 전 세계에 널리 퍼졌다.

제5장에서는 전성기를 맞은 스포츠가 왜 사람들을 열광시키는지, 그 이유를 '극장형 스포츠'라는 관점에서 분석했다. 이 극장형 스포츠의 전형적인 예가 올림픽이다. 고대에도 그랬지만 특히 근대 이후 올림픽은 선수뿐만 아니라 관객까지 참여시키는 거대한 스포츠 축제로 변모했다. 올림픽을 구성하는 수많은 요소를 분석하려면 스포츠의 영역을 넘어 사회학 및 정치학의 영역까지 섭렵해야 할 것이다.

단, 이 책에서는 이전에 스포츠를 연구한 사람들이 거의 다루지 않았던 '드라마'의 관점에서 극장형 스포츠를 고찰해 보려 한다. 극장형 스포츠는 세 가지 요소로 구성된다. 극장 역할을 하는 경기장, 배우 역할을 하는 선수, 그리고 선수의 연기나 싸움에 동화된 관객이다. 스포츠의 본질적 매력이 이 삼위일체의 구조에서 나온다. 여기서 만들어진 열광, 감격, 스포츠맨 윤리 등은 관객에게 큰 영향을 미친다.

　스포츠의 세계화에 관해서는 엘리아스와 더닝이 먼저 연구를 진행하여 《스포츠와 문명화》를 출간했으므로, 필자들도 이런 사회학 연구 결과를 참고하면서 결투가 스포츠로 변하는 과정을 살펴보았다. 지금까지 본격적으로 연구되지 않은 결투와 스포츠의 관계가 이 책을 통해 조금이라도 명확히 밝혀진다면 필자로서 더 큰 기쁨이 없을 것이다.

하마모토 다카시

차례

독일 결투 체험기

진검 결투

충격적인 이야기지만, 독일과 오스트리아에서는 2020년인 지금도 일부 학생들이 아무렇지 않게 진검 결투를 벌이고 있다. '결투'라고 하면 두 남자가 서로 10미터쯤 떨어진 곳으로 걸어가 교대로, 혹은 동시에 권총을 발사하는 장면을 떠올릴지도 모르겠다. 그러나 독일 학생의 결투인 멘주어는 약 90센티미터의 예리한 진검을 한 손으로 휘두르며 마주 선 상대의 얼굴과 머리를 공격해야 한다. 여기서는 심지어 상대의 공격을 피하려고 발을 움직이거나 얼굴을 젖히는 것조차 허용되지 않는다. 불과 1미터 정도 거리를 두고 꼿꼿하게 마주 서서 오로지 칼만 휘둘러야 하니, 그 공포심은 이루 말할 수 없다.

필자는 1980년대 초 독일 만하임에서 유학하던 시절, 한 독일인과의 뜻밖의 만남을 계기로 멘주어를 경험했다. 앞으로 할 이야기는 필자가 실제로 체험한 충격적 사실의 증언이며 결코 꾸며낸 것이 아니다. 멘주어는 중세의 결투처럼 원한을 갚거나 훼손된 명예를 회복하기 위한 싸움이 아니라 비겁하게 도망치지 않고 용감하고 정정당당하게 싸울 수 있음을 증명하기 위한 싸움이다. 따라서 결투가 끝난 후 두 결투자는 동료가 된다.

　1982년 6월 26일, 독일 하이델베르크에 있는 낡은 건물 지하의 넓은 홀에서 결투가 벌어졌다. 내 눈앞에는 키가 190센티미터에 가까운 독일인 젊은 이가 우뚝 서 있었다. 200명쯤 되는 구경꾼들도 전부 남자였는데 모두 결투를 기다리며 웅성거리고 있었다. 이날을 위해 반년쯤 매일 두 시간씩 훈련하면서 준비했는데도, 이전에는 느껴보지 못한 극도의 공포가 덮쳐 왔다. 체면이고 뭐고 다

| 결투용 안경을 착용하는 모습.

던져 버리고 도망치고 싶은 마음뿐이었다.

멘주어에서는 칼날이 엄청난 기세로 연거푸 날아든다. 하지만 피하려고 얼굴과 머리나 발을 조금이라도 움직이면 즉시 '약하고 비겁한 태도', 즉 '무켄Mucken'을 저지른 것이기에 즉각 실격되고 그 결투는 무효가 된다. 결투에서 취할 수 있는 동작은 오직 한 손으로 칼을 들어 상대의 공격을 막아내는 것뿐이다.

단, 결투라고는 해도 막무가내로 진검을 휘두르면 되는 것이 아니라, 다음과 같은 '학생 결투 규정'을 지켜 가며 싸워야 한다.

> (1) 보호구 : 결투자는 얼굴과 머리를 제외한 전신을 튼튼한 보호구로 가려야 한다. 특히 경동맥을 보호하기 위해 금속 목도리를 목에 두른다.

> (2) 라운드 수와 베는 법 : 첫 번째 결투는 25라운드, 두 번째부터는 30라운드로 진행한다. 라운드마다 각각 베기를 5회 이상 실시해야 한다.

> (3) 검 : 몸길이 88센티미터, 손잡이 길이 15센티미터의 특수한 검 슐레거Schläger를 사용한다.

이외에도 금지된 공격법과 허용된 공격법, 세컨드가 결투 중단을 선언하기 위한 조건 등 세세한 규정이 명기되어 있다. 이렇게 상세한 규칙이 있는 데다 면밀한 준비와 훈련, 컨디션 조절이 필요하다는 점에서 멘주어를 일종의 스포츠로 간주하는 사람도 있다. 그러나 스포츠는 개인 경기든 단체 경기든 단순히 승패를 가리고 끝나지만, 멘주어는 살상이 예상되는 진검을 사용하는 데다 승패를 가리지 않으므로 스포츠로 볼 수 없다.

의사의 중단 선언

설사 상대의 검에 부상을 입어 의사가 결투 속행 불가를 선언한다 해도 무켄만 저지르지 않으면 용감한 남자로 인정받고 그 결투 자체도 유효해진다. 여기에는 승자도 패자도 없다. 그러나 앞에서 말했다시피 두려움 때문에 무켄을 저지르면 즉각 퇴장당하고 결투 자체가 무효가 된다. 게다가 본인뿐만 아니라 그가 속한 학생 단체도 신망을 잃는다.

멘주어는 권투처럼 라운드제로 진행되지만 서로 매우 빠르게 검을 휘두르기 때문에 한 라운드가 평균 6~7초에 불과하다. 그러나 약 1미터 정도의 아주 가까운 거리에서 검을 휘두르다 보니 최종 라운드까지 가는 경우는 거의 없고, 대개 도중에 한 사람, 혹은 두 사람 다 부상을 입는다. 그러면 곁에서 지켜보던 결투 전문의가 경기를 중단시킨 후 부상을 진찰한다. 그 결과 결투 속행이 불가하다는 판단이 내려지면 결투가 즉시 종료된다.

슬슬 결투를 시작할 시간이 되니, 소란스럽던 홀이 거짓말처럼 조용해졌다. 평생 느껴보지 못했던, 말로 표현할 수 없는 공포로 온몸이 얼어붙었고 긴장한 나머지 머릿속이 하얘졌다. 다리의 후들거림을 멈출 수가 없었다. 결국 운명의 순간이 다가오자 내 세컨드가 힘차게 외쳤다. "검을 들고$^{Auf Mensur}$, 준비^{Fertig}, 시작^{Los}!" 씽씽, 챙, 씽……. 나는 겨우 마음을 다잡고 막는 동작과 찌르는 동작을 재빨리 반복했다. 6~7초가 지나자, 검에 찔리지 않기 위해 전신에 보호구를 두르고 헬멧을 쓴 세컨드 두 명이 결투자들 사이에 끼어들어 첫 라운드를 종료시켰다.

'됐어, 안 찔렸어!' 이 생각이 든 순간 이상하게도 다리의 후들거림이 딱 멈추었다.

라운드와 라운드 사이의 휴식은 불과 15초 정도인데, 그 사이에 '테스탄트^{Testant}'라 불리는 보조원이 칼날을 점검하고 알코올 솜으로 소독한 후 결투자의 손목을 빙글빙글 돌려서 풀어 준다.

권투 코치가 링 밖에 있어야 하는 것과는 달리, 멘주어의 세컨드는 결투자 바로 곁에서 몸을 낮춰 결투자의 움직임을 지켜보다가 무슨 일이 생겼을 때 곧바로 도움을 줄 수 있다. 4라운드에서 상대방이 금지된 베기 공격을 했다고 내 세컨드가 항의했는데 받아들여지지 않았다.

라운드가 거듭될수록 약 600그램의 칼을 휘두르는 오른팔이 점점 무거워졌다. 7라운드 이후 상대의 세컨드는 내가 공격을 하지 않고 방어만 한다고 여러 번 항의했다. 하지만, 그 또한 기각되었다.

13라운드에서 드디어 절체절명의 순간이 다가왔다. 방어 자세가 무너져 내가 칼을 아래로 내린 것을 꿰뚫어 본 상대가 검으로 내 왼쪽 뺨과 왼쪽 귀를 벤 것이다. '대체 뭐지? 아, 이게 바로 살을 에는 고통이구나…….' 그때까지 조용했던 구경꾼들이 술렁거리기 시작했다. 뺨과 귀에서 뜨뜻미지근한 피가 뚝뚝 떨어지는 것이 느껴졌다. 생전 처음 느끼는, 말로 표현할 수 없는 엄청난 통증이 몰려왔다. 즉시 결투 전문의가 달려와 상처를 살폈다. 하지만 그는 비정하게도 이렇게 외쳤다.

"속행Weiter!"

나는 더 이상 싸울 의욕도 에너지도 남아 있지 않았다. 여기서 결투가 종료되기를 바랐다. 그러자 15라운드에 상대의 검이 내 머리 한가운데에 명중했다. '윽!' 충격적인 통증이 정수리를 덮쳤다. 상처에서 흐른 뜨거운 피가 두 볼, 두 귀, 목덜미를 타고 바닥으로 뚝뚝 떨어졌다. 구경꾼들이 웅성거렸다. 드디어 끝난 것이다.

결투 전문의가 나에게 달려와 상처를 확인하고 결투를 속행할 수 없다고 입회인에게 전하자 입회인이 결투 종료를 선언했다. 의사는 나를 대기실 의자에 앉힌 후 상처를 소독하고 바로 꿰매기 시작했다. 마취 없이 그 자리에서 곧바로 상처를 봉합하는 것이 멘주어의 관례이기 때문이다. 믿을 수 없을 만큼 끔찍한 고통이 밀려와 정신을 잃을 것만 같았지만 필사적으로 버텼다. 동료들이 모여들어 "미치, 잘했어. 정말 용감하게 싸웠어. 넌 우리의 자랑이야!"라며 무켄을 취하지 않은 나를 칭찬했다.

독일 학생 단체의 전통

지금도 독일과 오스트리아 학생 단체에 소속된 일부 학생들 사이에서 이런 일이 아무렇지 않게 벌어지고 있다. 그런데 여기서는 같은 학생 단체의 동료끼리 싸우는 것이 아니라 각기 다른 단체의 두 학생이 대표가 되어 자신과 단체의 명예를 걸고 싸우게 되어 있다. 현재 독일에는 학생 단체가 약 1,000개

있는데 그중 결투를 시행하는 단체는 약 400개, 그 회원 수는 약 5만 5000명이다. 총 100만 명인 독일의 남자 대학생 중 약 5퍼센트에서 6퍼센트가 결투를 경험하는 셈이다.

독일어권 최초의 대학인 프라하 대학이 1348년에 설립된 후, 1365년 빈 대학, 1386년 하이델베르크 대학 등이 속속 세워졌고, 15세기에서 16세기까지 이들 각 대학에 '학생 향우회'로 불리는 학생 조직이 생겨났다. 그리고 나중에는 출신지와 관계없이 공통의 이념이나 세계관을 중심으로 뭉친 학생 단체가 추가로 생겨났다. 이런 학생 단체에 소속된 학생들이 상세한 규칙에 따라 실시하는 진검 결투를 '멘주어'라고 한다.

19세기까지는 독일어권 남자 대학생 대부분이 학생 단체에 소속되어 있었으므로 모든 대학가에서 일상적으로 결투가 벌어졌다. 결투 때 생긴 얼굴이나 머리의 칼자국을 '슈미스^{Schmiss}'라고 부르는데, 이것은 지금까지도 엘리트 신분의 증거이자 용감한 남자의 훈장으로 통한다. 문호 괴테도 학생 때 결투를 하다가 팔에 부상을 입었고 《자본》을 쓴 마르크스, 철학자 니체, 철혈 재상 비스마르크, 독일 황제 빌헬름 2세, '다임러벤츠'를 창립한 다임러, 물리학자 제임스 프랑크, 음악가인 슈만과 슈베르트도 멘주어를 했다.

멘주어가 남성에게 이토록 사랑받으며 오늘날까지 중요한

| 1925년 하이델베르크의 멘주어.

전통으로 남은 이유는 무엇일까? 멘주어 참가자는 날카로운 칼이 얼굴과 머리를 찌를 듯한 극도의 불안과 공포 앞에서도 무켄의 충동을 이겨내고 최대한 냉정하게 마음을 제어함으로써 마지막 순간까지 용감하게 싸워야 한다. 여기에는 승자도 패자도 없다. 멘주어는 그저 남자의 용기와 정신력을 시험하는 혹독한 시련이며, 이것을 통과한 남자는 칼날 앞에서 물러나지 않고 용감하게 싸운 존재로 인정받는다. 따라서 멘주어는 한 젊은이를 '진정한 남자'로 키워내고 단련하기 위한 전통적 수단이라고 할 수 있다.

하이델베르크에서 독일인 청년과 대결한 후 벌써 수십 년이 흘렀지만 내 왼쪽 뺨과 정수리에는 슈미스가 뚜렷하게 남아 있다. 이 흉터는 독일에서 유학하던 젊은 시절에 독일인과 결투한 흔적일 뿐만 아니라 내가 극한의 상황을 견뎌내는 정신력, 순간적인 자기 결정력을 인정받았음을 상징하는 표식이다. 또 학생 단체 코어 르헤노 니카리아의 유대를 보여 주는 불멸의 증거이기도 하다.

스가노 미치나리

제 1 장

유럽의
결투사

1

성경에도 기록된 결투

카인과 아벨의 갈등

인류 역사상 첫 결투는 언제였을까? 일반적으로 유럽에서는 〈창세기〉에 등장하는 카인과 아벨의 대결을 결투의 기원으로 여긴다. 성경에 따르면, 아담과 하와가 낳은 아들 중 형 카인은 농사를 지었고 동생 아벨은 양을 쳤다. 그런데 어느 날 형제가 신에게 제물을 바쳤는데 아벨이 살찐 양을 바쳤을 때만 신이 매우 기뻐했다고 한다. 그러자 질투에 사로잡힌 형 카인이 동생 아벨을 들판으로 불러내 살해했다.

결말만 나와 있어서 카인과 아벨의 결투가 어땠는지는 알 수 없지만, 어쨌든 형 카인은 인류 최초의 살인자가 되었다. 이후 야훼가 아벨의 행방을 묻자 카인은 "모릅니다. 제가 동생을 지키는 자입니까?"라고 거짓말을 했다. 야훼는 그런 카인을 피로 더럽혀진 불모의 땅에서 쫓아내 평생 방랑하게 했다. 그러나 한편으로는 결투가 되풀이되지 않도록, 카인의 이마에 표시를 새겨 아무도 그를

| 카인과 아벨, 15세기의 그림.

죽이지 못하게 했다. 이로써 살인죄는 하와가 뱀의 유혹에 넘어가 금단의 열매를 먹은 원죄처럼 카인에게 깊이 새겨져 끝내 사라지지 않았다.

이 신화는 농경민인 카인 부족과 목축민인 아벨 부족의 전쟁을 상징하는 것으로 해석된다. 이 이야기를 통해 개인의 갈등에서 시작된 결투가 집단의 갈등으로 확대될 수 있다는 것과 생활 양식의 차이에서 발생한 갈등이 인류 초기부터 인간의 근원에 자리 잡고 있었다는 사실을 알 수 있다. 그뿐만 아니라 이후의 기나긴 인류사 속에서 전쟁, 즉 결투가 끊임없이 이어질 것도 예상할 수 있다.

영웅들의 대결

〈사무엘상〉에도 결투가 등장한다. 이스라엘군과 팔레스타인군이 전쟁터에서 대치하던 중, 키가 3미터나 되는 팔레스타인의 거인 골리앗이 40일 동안 매일 이스라엘군 앞에 나와서 이렇게 외쳤다. "너희 중에서 병사를 하나 뽑아 나와 싸우게 하라. 내가 지면 우리가 너희의 노예가 되겠다. 반대로 내가 이기면 너희가 우리의 하인이 될 것이다." 가장 용감한 남자끼리 일대일로 대결하여 결판을 내자고 이스라엘군을 도발한 것이다.

이스라엘의 병사들은 수치심을 느끼면서도 거인 골리앗이

| 오스마어 쉰들러, 〈다윗과 골리앗〉, 1988년.

무서워서 아무도 나서지 못했다. 그러나 40일째 되던 날, 이스라엘군으로 참전한 형들에게 먹을 것을 가져다주려고 찾아온 양치기 소년 다윗이 골리앗의 도전을 받아들인다. 그런데 그가 가진 것이라곤 양을 칠 때 쓰던 지팡이와 무릿매뿐이었다. 골리앗

은 약해 보이는 데다 제대로 된 무기 하나 없는 다윗에게 거대한 창을 들고 다가왔다.

그런데 그 순간 다윗이 무릿매에 실어 던진 돌이 골리앗의 이마 한가운데를 강타했다. 골리앗이 정신을 잃고 쓰러지자 다윗은 골리앗의 칼을 뽑아 그의 목을 쳤다. 하지만 거인 골리앗에게 과감히 맞선 영웅 다윗의 싸움은 결투가 아니다. '명예 회복을 위한 도전'이라는 결투의 본래 의미와 부합하지 않기 때문이다.

기원전 8세기 호메로스가 쓴 영웅 서사시 《일리아스》의 트로이 전쟁 부분에도 비슷한 이야기가 등장한다. 그리스 용사 아킬레우스와 트로이 왕자 헥토르의 싸움이다. 두 사람은 똑같은 창과 검으로 그리스와 트로이 병사들이 지켜보는 가운데서 싸웠고, 그 결과 아킬레우스가 이겼다. 헥토르는 도망쳤지만 결국 아킬레우스에게 잡혀서 죽고 말았다.

이것도 일대일 대결이기는 하지만 전쟁 중에 우발적으로 일어난 일인 데다 어디까지나 나라를 위한 전투 행위였

| 페테르 파울 루벤스, 〈헥토르와 싸워 이기는 아킬레우스〉.

고, 명예를 모욕당한 결과가 아니었으므로 진정한 결투라고 말할 수 없다. 심지어 진 사람이 도망치는 것은 근대 결투에서는 도저히 상상도 할 수 없는 일이었다.

고대 로마의 검투사 '글래디에이터'

진검을 쓰는 결투의 기원은 고대 로마 및 고대 게르만 시대까지 거슬러 올라간다. 고대 로마에서는 검을 글라디우스 Gladius라고 하고, 검투사를 글라디아토르Gladiator라고 했다. 우리에게 익숙한 글래디에이터는 이를 영어 발음으로 읽은 것이다. 이들은 알다시피 대중의 눈앞에서 목숨을 걸고 무기를 휘두르며 싸웠던 노예 검투사였다. 고대 로마 사람들은 도덕적으로 타락한 나머지 이런 유흥을 즐기는 지경에 이른 것이다.

로마 지배층은 검투사의 결투를 오늘날 스페인 투우 경기처럼 시민에게 오락과 유희로 제공했다. 시민들을 오락에 몰두하게 하여 로마의 내정에 간섭하거나 반란을 일으킬 마음을 품지 않도록 하는 게 중요했기 때문이다. 그러므로 검투사의 싸움 역시 '선악의 판단'이라는 결투의 본질에는 부합하지 않는다.

지금까지 이야기한 카인과 아벨, 아킬레우스와 헥토르, 검투사끼리의 싸움은 둘 중 하나가 죽는 잔혹한 결과는 똑같지

| 고대 로마의 검투사.

만, 근대 이후 유럽에서 일어난 결투와는 의미가 다르다. 근대와 현대의 결투에는 '명예 회복을 위한 심판'이라는 의미가 있으나 고대 그리스인, 로마인에게는 그런 개념이 없었다. 다윗과 골리앗 이야기처럼 역사적으로 전해 내려오는 일대일 전투 일화에서는 오히려 싸움의 정당성보다 강자의 논리가 두드러지며, 그 주인공들은 조국이나 자기 민족을 위해 목숨을 걸고 싸우는 것이 보통이다.

  적군을 대표하는 병사와 일대일 대결을 벌이는 전통이 얼핏 근대의 결투와 비슷해 보일 수도 있다. 하지만 이런 영웅들의 대결은 기사도 정신과 정해진 규칙에 따라 전개되는 결투와는 달리 전쟁 중에 우연히 생겨난 일화이자, 두 군대를 대표하는 영웅들이 주도한 백병전의 연장선상에서 일어난 사건일 뿐이다.

스가노 미치나리

2
게르만족의 결투, 페데

페데란 무엇인가

고대 게르만 사회는 국가 없이 '지페^{Sippe}'라는 씨족공동체 단위로 통치가 이루어지는 사회였다. 이 사회는 개인과 씨족의 손상된 명예를 회복하기 위한 사적 결투를 인정했으므로 일족이 검으로 실력을 행사하는 일이 많았다. 이것은 잃은 권리를 자력으로 회복하는 분쟁 해결법의 일종으로, '페데^{Fehde}'라고 불렸다.

게르만 사회에서는 개인뿐만 아니라 지페 단위의 복수도 허용되었다. 그래서 복수가 또 다른 복수를 부르고 페데가 되풀이되는 경향이 강했다. 공권력이 약했던 게르만 부족 사회를 통치하려면 이런 분쟁 해결법도 어느 정도 필요했을 것이다.

1세기 무렵 로마 제국의 역사가 타키투스에 따르면, 게르만인 사이에 이미 '신은 진실을 말하는 자를 승리로 이끈다.'라는 사고방식이 뿌리내려 있었던 듯하다. 페데는 일종의 원시적 신명 재판인데, 신에게 판결을 맡기는 신명 재판의 근저에는 신이 진실을 말하는 자를 반드시 보호한다는 믿음이 있었다.

그러나 원시적 신명 재판과 기독교적 신명 재판은 다르다. 기독교는 게르만 사회에서 허용된 페데, 즉 복수를 위한 사적 결투를 절대 허용하지 않았기 때문이다. 기독교는 신 이외에는 누구에게도 복수할 권리를 인정하지 않는다.

시간이 흐르자 게르만 사회에도 변화가 일어났다. 부족이 통합되고 왕국이 생겨나고 국왕의 공권력이 강해졌다. 《살리카 법전Lex Salica》[3]을 만든 프랑크 왕국에는 분쟁을 해결하기 위한 다른 방법으로 왕국 재판 등이 등장했다. 다시 말해 중세 사회에는 게르만 사회의 페데, 국왕 등의 공권력 재판, 기독교의 신명 재판이라는 세 가지 분쟁 해결법이 혼재했던 셈이다. 다만 그 세 가지 방법의 균형은 유동적이었다.

---

3 5세기에서 9세기 말 동안 있었던 프랑크 왕국을 수립한 프랑크족의 주요 부족인 살리족의 법전.

페데는 전쟁과 결투의 중간 형태로, 그나마 일정한 규칙에 기초하여 이루어진 싸움이었다. 상대가 범죄를 저질렀을 때는 페데로 죄를 철저히 추궁했다. 이를 통해 법의 보호를 받을 권리를 빼앗는 평화 상실형인 '아흐트^{Acht}형'을 내릴 수도 있었다. 아흐트형에 처한 범인은 지페 안에서 사형당하거나 쫓겨났다. 그렇게 쫓겨난 자는 '인간 늑대'로 불리며 공동체에서 배제되었다.

이처럼 사적 복수나 처벌이 정당하게 여겨진 시대였으므로 명예를 손상당해 복수심에 불탄 일족이 페데의 권리를 행사하여 다른 지페를 습격하고 난투를 벌이는 일이 종종 일어났다. 그러나 사상자를 너무 많이 낼 위험이 있으므로 시민이나 농민, 즉 외부인은 싸움에 끌어들이면 안 된다는 것이 페데의 규칙이었다.

오른쪽 그림에는 1339년, 한 사자가 스위스의 알베르 그 백작 발랑장의 결투장을 전하러 가는 모습이 그려져 있다.

이것은 스위스의 독립 운동 과정에서 합스부르크 측

| 페데 결투장을 전하는 사자.

과 독립파 측이 정치적으로 대립했기에 벌어진 사건이었다. 백작은 정해진 규칙에 따라 일시, 장소, 입회인을 적은 결투장을 3일 전에 사자를 통해 상대에게 전달했다.

페데의 만연

중세 후기가 되자 페데의 권리를 행사하여 중요 인물을 납치한 후 몸값을 요구하는 '강도 기사'가 점점 늘어났고 복수가 되풀이되는 일도 많아졌다.

오른쪽 위 그림은 16세기 뷔르츠부르크의 지도 제작자 로렌츠 프리즈가 자신의 책 《뷔르츠부르크 주교 연대기Chronik der Bischöfe von Würzburg》에 실어 놓은 삽화다. 바이에른 의회 소속의 요한 폰 디첼라우가 뷔르츠부르크 영지를 지나다가 강도 기사에게 습격당해 몸값을 치르고 석방된 일이 있었다. 이에 분개한 바이에른 대공 알브레히트 4세가 3명의 뷔르츠부르크 성당의 요인을 붙잡아 복수한 장면이다.

오른쪽 아래 그림에도 페데가 등장한다. 이전의 한 습격 사건을 계기로 작센 대공 빌헬름 3세와 주교 고트프리트 4세가 대규모 페데를 벌이는 장면이다. 오른쪽에서 작센의 군대가 전투를 앞두고 진군하고 있다.

페데는 15세기 말에 완전히 금지되었다. 페데를 더 방치할

| 몸값을 노린 페데.

| 대규모 페데.

수 없었던 막시밀리안 1세가 1495년 보름스 의회에서 '영구 란
트 평화령[4]'을 공표했기 때문이다.

하마모토 다카시

---

4 중세 유럽, 특히 독일의 국내 치안 유지를 위한 협정 또는 법률. 사적 결투
   제한은 제국 란트 평화령에 포함되어 있다. 제국 란트 평화령은 다시 1103
   년 최초의 하인리히 4세 평화령과, 1152년, 1235년 프리드리히 2세의 대평
   화령, 1495년 영구 란트 평화령으로 나뉜다.

3

결투로 진실을 가리자

다양한 신명 재판

현대에도 독일 각지에 '심판의 보리수', '처형의 떡갈나무'로 불리는 거목들이 남아 있다. U. 쿤의 《나무 이야기 Bäume, die Geschichten erzählen》에 실린 '거목 지도'에 따르면 메클렌부르크포어포메른주에 있는 슐라그스도르프 교회의 보리수, 괴팅겐 근교 마을 그로스 슈넨의 떡갈나무가 특히 유명하다. 이 나무 중 오래된 것은 수령이 500년, 둘레가 8~12미터나 되며 그 밑에서 신명 재판이 진행되었다는 이야기가 전해 내려온다. 이 나무들은 애니미즘적인 수목 신앙의 흔적으로, 예로부터 숲의 민족이었던 게르만족이 보리수와 떡갈나무를 성스러운 나무로 숭배했다는 사실을 알려 준다.

기독교 출현 이전의 고대인은 신이 수목뿐만 아니라 물, 불, 성별聖別된 음식으로 선악을 판단한다고 믿었다. 따라서 범인을 밝히기 어렵거나 피고가 범행을 인정하지 않을 때 신명 재판으로 신의 뜻을 확인하려 했다. 피고 역시 이런 절차를 통해 신과 사람들에게 자신의 결백을 인정받으려 했다. 단, 신명 재판은 중대한 범죄에만 적용되었고 가벼운 다툼에는 관여하지 않았다.

이런 재판 제도는 고대 세계의 질서를 유지하기 위해서 만인이 납득하는 신의 판결이 필요했다는 사정이 밑바탕에 있었다. 신을 절대시한 당시 사람들은 신명 재판의 신탁에 전폭적인 신뢰를 보냈다. 신명 재판은 범죄가 훼손한 공동체의 평화를 되돌리고 질서를 재생하는 기능을 담당했다.

게르만족도 예외가 아니었으므로 그들의 신화와 전설에 맹신적인 신명 재판의 흔적이 다양하게 남아 있다. 예를 들어 게르만 전설을 바탕으로 한 중세 독일의 영웅 서사시 《니벨룽의 노래[5]》에도 범인인 하겐이 나타나자 살해당한 지크프리트의 사체에서 피가 흘러나오는 장면이 등장한다. 이것은 신명 재

---

5 중세 독일의 영웅 서사시. '니벨룽겐의 노래'라는 이름으로 더 잘 알려져 있다.

판의 일종인 '바르프로베^{Bahrprobe}'로, 무죄인 사람은 손으로 만져도 아무 일이 없으나 범인이 나타나면 시체에서 피가 흐르는 것을 말한다. 앞의 이야기에서도 바르프로베 때문에 하겐이 범인으로 확정된다.

이런 게르만족의 사고방식은 중세 이후 기독교 사상과 융합한다. 결투사의 관점에서 구체적으로 말하자면, 기독교의 신명 재판이 늘어나 프랑크 왕국의 주류를 차지하게 된다. 세계 각지에서 신명 재판이 이뤄졌지만, 유럽, 그중에서도 특히 게르만과 슬라브 지역에서 신명 재판이 성행했다. 앞으로 이 책에서는 독일의 신명 재판에 초점을 맞출 것이다.

신명 재판은 크게 불 재판, 물 재판, 음식 재판, 제비뽑기 재판 등으로 나뉘며, 나중에 말할 결투 재판도 여기에 포함된다. 이런 재판 방식은 고대의 애니미즘 신앙과 밀접한 관련이 있는데, 특히 솥 안의 반지나 돌을 줍게 하는 방식은 켈트, 게르만 시대의 성스러운 솥 신앙에서 기원한 흔적이다. 이것은 고대 일본에도 있었던 방식으로, 솥을 생명의 근원 또는 재생의 상징으로 신성시하는 믿음의 영향이다. 고대인은 솥을 생명을 낳는 자궁이라 보고, 그 특별한 힘을 믿었다.

그 후 유럽의 지중해 연안으로 기독교가 퍼졌고 313년에는 로마 황제 콘스탄티누스 1세의 공인을 받기에 이르렀다. 그러나 북유럽 진출에는 상당한 시간이 걸려 10세기경에야 가까스로 유럽 대부분이 기독교화되었다. 그런데 이런 기독교 역시 '이교異敎'의 전통을 받아들여 신명 재판을 계승했다. 그 기록이 9세기부터 13세기까지 기독교 시대의 문서와 삽화로 남아 있다.

기독교 시대의 신명 재판에 부쳐진 사람은 교회에 나가서 재판 담당 사찰관의 지시를 따라 신명 재판에 응했다. 사찰관은 솥, 철봉, 물, 음식을 미리 성별하여 정결하게 했다. 피의자는 얼마간 단식한 후 그리스도에게 자신의 결백을 선서했다. 이 선서와 재판은 한 묶음이었는데, 그중에서도 신에게 하는 선서가 특히 중시되었다. 기독교 신앙 자체가 신과의 약속에서 출발했기 때문이다.

신명 재판을 통해 당연히 다치거나 죽을 줄 알았던 사람이 멀쩡하게 살아남을 때도 있었다. 그러면 사람들은 그것을 신의 뜻으로 여기며 더욱 신앙심을 키웠다. 오른쪽 그림에 성 비투스의 기름 솥 재판이 그려져 있는데, 성자가 전혀 다치지 않고 솥에서 나왔다는 이

| 솥 재판.

야기가 함께 전해
진다. 현대인의 눈
에는 이것이 황당
무계하고 비과학적
인 방법으로 보일
수도 있다. 하지만

| 12세기의 물 재판.

신명 재판은 현대인이 아닌 당대 사람들의 눈을 통해 바라볼
필요가 있다.

위 그림은 오스트리아 북부 람바흐의 베네딕토회 수도원에
서 발견된 1190년부터 1200년 사이의 유물로, 물 재판을 묘사
한 세계에서 가장 오래된 그림이다. 물 재판은 그림처럼 피의
자를 묶어서 물에 던져 넣은 후 몸이 뜨면 유죄, 가라앉으면
무죄로 판결했다. 모든 신명 재판에는 성서를 가진 성직자나
배심원이 동석하여 무죄와 유죄를 판정했다.

| 12세기의 열철 재판.

비슷한 시대에 발견된 왼쪽
그림에는 열철熱鐵 재판이 그
려져 있다. 열철 재판이란 뜨
겁게 달궈진 철물 혹은 빨갛
게 달궈진 재 주변을 일정한
거리를 두고 빙빙 돌게 한 다

음 피의자가 얼마나 화상을 입었는지 보고 유무죄를 판단하는 방식이다. 나중에 판결을 내릴 때는 상처가 낫는 속도, 상처 부위의 화농 여부를 판단 기준으로 삼았다. 열철 재판은 여러 방법으로 응용되었다. 뜨겁게 달군 쟁기 위를 걷게 하거나, 불 속을 빠져나가게 했고, 앞서 서술한 것처럼 솥에 끓인 기름, 또는 와인 속의 반지나 돌을 움켜쥐어 그 화상 상태를 살피는 방법도 있었다.

특히 쟁기를 이용하는 기묘한 방법도 삽화로 남아 있다. 바로 아래 그림인데, 이것은 11세기 초 신성 로마 제국 황제인 하인리히 2세의 황후 쿠니군데의 정절을 증명하기 위한 재판이었다. 그런데 왜 쟁기를 썼을까? 당시에는 중죄를 저지른 범인을 땅에 묻고 쟁기로 심장부를 도려냈다고 하므로, 그때 쓰인 도구를 신명 재판에도 활용한 것으로 해석할 수 있다. 결국 쿠니군데는 뜨거운 쟁기 위에 맨발로 올라갔는데도 화상을 입지 않아서 결백을 인정받았다.

또 신과의 깊은 관계를 드러내는 방식으로 음식 재판이 있었다. 빵, 치즈나 성별된 떡

| 쿠니군데의 쟁기 재판.

인 호스티아^{Hostia}를 먹다가 목에 걸린 자는 유죄, 단숨에 삼킨 자는 무죄가 되었다. 또 제비뽑기도 유럽에서 신명 재판의 한 방식으로 활용되었다.

그러나 경험에 비추어 보면 신명 재판으로 정의가 반드시 실현되지는 않았을 것이다. 그래서인지 마녀사냥이 시작되기 훨씬 전인 1215년의 제4차 라테라노 공의회[6]에서 로마 교황 인노켄티우스 3세가 신명 재판을 무효로 선언하고 금지했다.

이후 1224년에서 1225년 사이 만들어진 독일에서 가장 오래된 법전 《작센 슈피겔^{Sachsen Spiegel}》에서도, 삽화와 함께 물 재판, 불 재판을 소개하고 있다. 이런 신명 재판 전통이 오랫동안 암묵적으로 계승되었기 때문에 농촌과 산촌에 사는 민중은 16세기까지도 신명 재판을 통해 자신의 결백을 밝힐 수 있다고 굳게 믿었다.

특히 물 재판은 17세기 이후 마녀사냥 시대에 민중의 지지를 등에 업고 되살아나, 독일뿐만 아니라 벨기에, 프랑스, 영국의 재판소에 다시 채용되었다. 마녀는 하늘을 날아다니므로 몸

---

6 로마의 라테라노 대성당에서 5회에 걸쳐 열린 세계 교회 회의. 교회 법규, 교황 선출 제도 등을 수립하고 이단 처벌 등의 사안을 결정했으며 십자군 원정을 명령하기도 했다.

| 《작센 슈피겔》의 물 재판.

| 《작센 슈피겔》의 불 재판.

이 가벼울 테니 물에 뜨면 마녀, 가라앉으면 마녀가 아니라는 그럴듯한 논리가 널리 통용되었다. 반면 이탈리아, 스페인 등 남유럽에서는 물 재판이 채용되지 않았다.

하마모토 다카시

결투 재판

결투 재판은 신명 재판의 일종으로, 검이나 무기를 사용한 결투의 승패에 따라 유죄와 무죄를 판단했다. 이것은 종교의 권위 위에 성립된 방식이면서도, 기독교가 기존 종교의 관습을 계승했음을 보여 주는 증거다. 신이 정의로운 사람에게 힘을 주어 검과 무기로 악을 응징하게 만든다는 것이 당대 사람들의 믿음이었기 때문이다. 그런데 엄밀히 말하자면 검을 활용한 재판도 두 종류로 나뉜다. 기독교의 신명 재판인 결투 재

| 카를 대제와 그 후계자인 경건왕 루도비쿠스.

판과 왕과 귀족의 공권력에 의지하는 결투 재판이다.

기독교와 왕정 세력이 계속 경쟁하는 가운데, 중세에서 근대까지는 왕과 귀족의 법을 따르는 결투 재판이 주류를 이루었다. 이 결투 재판의 기틀을 처음 마련한 사람은 오늘날 부르고뉴라 불리는 지역에 있던 부르군트 왕국의 국왕 군도바트다. 그는 501년에 민법과 형법을 포괄하는 '부르군트법'을 제정하고 결투 참가자의 위증을 방지하기 위해 재판 방식을 제도화했다. 이 재판 방식은 독일에 전파되어 근대까지 법으로 존속했다.

공권력에 의한 독일 최초의 기념비적인 결투 재판은 카를 대제의 후계자인 경건왕 루도비쿠스가 통치하던 820년에 열렸다. 황제는 배임자와 정치범을 재판하기 위해 아헨에서 대규모 회의를 열어 귀족들을 불러냈다. 재판의 피고인은 사라센인, 즉 이슬람교를 믿는 아랍인들과 몰래 결탁했다는 혐의를 받아 정치범으로 고소당한 바르셀로나 백작 베라였고 고소인은 루시용 백작 고셀의 대리인 자닐라 백작이었다. 두 사람은 정통 고트족의 피를 이어받은 대등한 신분이었다.

피고인 베라는 죄를 부인하며 결투 재판을 제안했다. 고트족의 계율에 따라 말을 타고 창과 검으로 싸워 자신의 무죄를 증명하겠다는 것이었다. 원고인 자닐라도 고트족의 계율에 따라 고소가 정당함을 입증하겠다고 했다. 회의에 모인 사람들도 그들의 요구를 받아들여 결투를 인정했다.

루도비쿠스는 가능하면 이 결투가 중단되기를 바랐다. 베라는 자신이 아키타니아의 왕이었을 때 아랍인과의 전투를 함께 치렀던 전우였기 때문이다. 그래서 베라를 구할 방법을 이 것저것 궁리했지만 전부 헛수고였다. 결국 신의 뜻을 가리기 위한 결투 재판의 날이 밝았다.

카이저팔츠Kaiserpfalz 성은 루도비쿠스가 평소에 사슴이나 매를 사냥하던 곳이었다. 결투 당일 성 발코니에 선 황제는 걱정스러운 표정으로 아래를 내려다보며 봉을 높이 들어 결투 개시를 선언할 때를 기다렸다. 궁정 장례 담당자는 이미 관을 준비해 놓고 대기했다. 베라와 자닐라도 말에 올라 금속 투구를 쓰고 창과 방패를 든 채 황제의 신호를 초조하게 기다렸다. 이 윽고 신호가 울렸다.

두 사람은 고트족다운 거친 방식으로 서로를 맹렬히 공격

했다. 창이 땅에 나뒹굴고 칼날이 바람을 휙휙 갈랐다. 베라가
말에 박차를 가해 상대와의 거리를 확보하려는 순간, 자닐라
는 그의 앞을 막아서며 검을 크게 휘둘렀다. 칼날에 베인 베라
는 낙마하여 크게 다쳤다. 황제가 급박하게 신호를 보내자 미
리 숨어서 기다리던 젊은 궁인들이 달려 나오더니 둘 사이에
끼어들어 방패를 들고 자닐라의 추가 공격을 막았다.

베라는 자신의 죄를 인정했다. 루도비쿠스도 신명 재판인
결투 재판에서 대역죄를 선고받은 피고에게 사형을 선고할 수
밖에 없었다. 다행히 황제의 사면권 덕분에 목숨만 겨우 건진
베라는 재산 일부를 사람들에게 나누어 주고 외국으로 추방
당했다.

이것이 중세의 전형적인 결투 재판이다. 이 사례를 통해 중
세의 결투가 억울한 혐의를 풀거나 죄를 판결할 목적으로 이
뤄졌음을 알 수 있다. 또 황제가 재판을 지휘하는 것을 보면 이
미 봉건 체제가 확립되어 공권력이 강고해졌다는 것도 알 수
있다. 그렇기에 패자가 재판관이 된 황제의 권위에 굴복하여
결투 결과를 받아들인 것이다.

이 결투 재판은 중세, 특히 12세기부터 13세기까지 성행했
다. 결투 재판의 순서는 다음과 같다. 결투가 시작되기 전에 결
투자들은 검은색 의자에 앉아 마술이나 약을 쓰지 않겠다고

맹세하는 종교 의식을 수행했다. 그 사이에 재판관은 풍향이나 태양의 위치를 고려하여 싸울 장소를 정했다. 그런 다음 재판관이 "좋은 싸움이 되기

| 1397년의 결투 재판.

를!"이라고 외치면 결투가 시작되었다. 이때 도전자가 상대의 발 앞에 장갑을 던지면 상대는 그것을 주워서 도전에 응하겠다는 의사를 표시했다. 이때부터 두 사람은 서로 싸우며 용기와 기개를 발휘했다. 이 싸움에서 승자는 재판관에게 확인을 받고 자신의 정당성을 주장할 수 있었다.

그러나 중세 이후 프랑스와 독일의 결투 재판은 다른 신명 재판과 마찬가지로 쇠퇴하여 14세기에서 15세기를 지나며 거의 소멸했다. 직접적으로는 로마 가톨릭의 억압 때문이지만 사실은 결투 결과가 진실과 동떨어져 있을 때가 많아서 재판의 신뢰성이 떨어졌기 때문이다.

스가노 미치나리

4
기사도가 부추긴 명예 결투

기사도의 성립

기독교는 원래 무력을 인정하지 않으며, 살육과 전쟁을 신의 가르침을 거스르는 야만적 행위로 본다. 그러나 1095년, 교황 우르바누스 2세가 프랑스 기사들에게 십자군 봉기를 호소한 후 기독교의 전쟁관은 크게 달라졌다. 이슬람 세력에 점거당한 성지 예루살렘을 탈환하는 일이야말로 다른 모든 일보다 시급한 신의 대의라고 여겨지게 되었다. 그 결과 원래 전투집단이었던 기사 계급은 점점 기독교와 결부되기 시작했고 제1차 십자군에 참여하여 예루살렘을 탈환한 덕분에 큰 명성까지 얻게 되었다.

기사 계급은 기독교 윤리관을 습득하며 점차 존경받는 집단으로 변해 갔다. 13세기의 회화나 조각에서 당시 기사들의 이상과 사명을 엿볼 수 있다. 기사는 삼위일체의 상징이 그려진 방패를 들고 다니며 천사의 계시에 따라 7가지 대죄를 근절하는 사명을 실천했다. 그러나 무력에는 필연적으로 야만성과 폭력성이 따랐으므로 기사들은 언제나 내적 모순을 안고 있었다.

봉건 체제에서 왕과 귀족 신분은 세습되었고 가문도 대대로 계승되었다. 그러나 새로 대두한 기사 집단은 고정된 신분 세습 제도에 포함되지 않았다. 기사는 원래 전투 집단이기에 투구, 무기, 방패, 말이 있어야 했고 이런 장비에 비용이 들었으므로 누구나 기사가 될 수는 없었다. 그래도 귀족의 차남, 삼남 등 귀족의 혈족, 또는 부유한 자유민과 농민 정도면 기사가 될 수 있었다. 단, 그들은 왕과 귀족을 섬기는 부하일 뿐 세습제에 속한 귀족은 아니었다.

요컨대 기사는 주군에게 종속되고 기사도라는 자존심으로 지탱되는 전투 집단이었다. 당시 왕과 귀족도 원칙적으로 이 기사도에 동조했다. 심지어 13세기 초부터는 기사의 개념이 지배 계급까지 확대되어, 왕과 귀족들조차 자신을 기사라고 칭할 정도였다. 기사도가 일종의 시대정신이 된 것이다.

기사가 지켜야 할 기본적인 기사도는 '주군에게 충성을 다할 것', '비겁하게 굴지 않고 용감하게 싸우며 적 앞에서 도망치지 않을 것', 그리고 '기독교 신앙을 지키며 교회의 가르침에 복종할 것' 등이었다. 또한 기사는 약한 자와 가난한 자를 도와야 했으며 특별히 여성에게 봉사해야 했다. 유럽의 기사도가 일본의 무사도와 가장 다른 점은 귀부인에 대한 경애와 봉사를 중시했다는 것이다. 여기서 생겨난 유럽 특유의 사랑의 개념이 '민네Minne'다. 이것은 단순한 연애 감정이 아니라 고귀한 여성에게 바치는 헌신적인 사랑을 의미하는데, 그것을 잘 실천한 기사는 사람들의 칭송을 받고 사회의 본보기가 되었다.

명예 결투

기사도는 결투에도 큰 영향을 미쳤다. 중세 후기인 13세기, 혹은 14세기부터 신명 재판의 판결을 의심하는 사람이 늘어나자 신명 재판으로서의 결투는 점차 사라졌고 명예를 위한 결투가 주류를 차지하게 되었다. 명예 결투는 주로 프랑스의 왕족이나 귀족, 기사 등 상류층에서 성행하다가 머잖아 이탈리아, 독일, 영국 등 유럽 전역으로 확대되었다. 그 흐름에 박차를 가한 것이 기사의 명예를 중시하는 기사도 정신이었다.

당시 귀족들의 명예 의식에 따르면, 결투 신청을 받고도 응하지 않는 사람은 용맹하고 과감하게 정의를 위해 싸워야 할 기사의 도리를 외면한 셈이었다. 겁을 먹었다느니, 목숨이 아까워서 피했다느니 하는 소문이 금세 퍼졌으므로 기사도가 중요한 사람이라면 결투에 응할 수밖에 없었다. 하지만 그들도 사실은 자존심과 죽음의 공포 사이에서 괴로워했다. 결투장을 받은 사람들의 수기에 이런 갈등이 기록되어 있다. 그러나 태생이 전투 집단인 기사는 아무래도 결투를 피할 수 없었다.

선악을 가리는 신명 재판이 중세 이후 명예 재판으로 대체된 사례는 뒤에 더 자세히 소개하겠다. 명예 재판은 신명 재판과 동기가 비슷해도 궁정이 주최하는 행사처럼 취급될 때가 많았다. 특히 말을 타고 싸우는 '마상 결투'는 왕의 권위를 드러내는 수단이자 중세 사람들 최대의 오락거리였다. 그래도 마상 결투는 분명하게 목숨을 건 단독 진검 승부였으므로 진정한 의미의 결투라 할 수 있다.

1340년경, 다음 쪽 그림의 알자스 출신의 디트마가 귀부인들의 눈앞에서 진검 승부를 펼치는 장면이 《마네세 가요 필사본Codex Manesse》에 실려 있다. 이 인물이 누구인지는 정확히 알수 없지만, 늑대 문장을 몸에 두르고 무장을 완벽히 갖춘 것으로 보아 신분이 기사인 게 확실하다. 이 책에는 흑백으로 나

| 《마네세 가요 필사본》에 실린 단독 결투.

와 있지만, 색으로 된 그림을 보면 이 대결이 스포츠가 아니라 상대에게 치명적인 상해를 입히는 결투임을 눈으로 확인할 수 있다. 이것은 아마 원한을 갚거나 명예를 되찾기 위한 결투였을 것이다.

프랑스 앙루의 공작 르네가 펴낸《토너먼트 경기를 다루는 책 Le Livre des tournois》에도 화려한 일대일 결투 장면이 등장한다. 토너먼트는 본래 단체전이지만 그중에 개인전도 끼어 있었던 듯하다. 개인전은 도전자가 상대에게 결투장을 보내 "겁쟁이라면 물러서고 용감한 기사라면 결투를 받아들여라."라고 도발한다고 쓰여 있다. 자연스럽게 양가의 명예를 건 결투가 시작되고 여기에 사람들의 관심이 쏟아졌다.

오른쪽 삽화에는 브르타뉴 공국의 왕자와 부르봉 왕조의 왕자가 양가의 명예를 걸고 진검 승부를 벌이는 장면이 묘사되어 있다. 브르타뉴 왕자의 문장에는 왕의 모피로 활용된 북방 족제비 문양이, 투구 장식에는 사자 문양이 쓰였으며 부르봉

| 15세기 후반의 마상 결투.

왕자의 문장에는 백합 문양이 쓰였다. 양가의 상징은 말에 입힌 옷에도 각각 잘 드러나 있다.

기사는 경애하는 여성이나 기독교 신앙을 위해 적과 싸웠다. 결투의 이유는 다양했지만, 대부분 정치적 알력, 상대의 모욕, 간음 혐의, 연애, 음모 때문이었다. 또 중세의 결투는 주로 왕과 귀족들 사이에서 일어났다. 사회적 명예를 존재 기반으로 삼은 계층이었으므로 그들에게 명예 훼손이란 존재를 뒤흔드는 큰 위협이었다. 그래서 그들은 명예 결투에 집착했다.

하마모토 다카시

이탈리아의 명예 결투

최초의 명예 결투는 이탈리아에서 발생했다는 설이 있다. 이탈리아가 중세에서 근대 초기까지 소국이 분립하고 부족이 세세하게 나뉘는 군웅할거 시기를 거친 것을 생각하면 일리 있는 주장이다. 당시 이탈리아에서는 명문가들이 각자의 이해관계를 걸고 서로 끊임없이 다투었다. 셰익스피어의 〈로미오와 줄리엣〉에서처럼 말이다. 프랑스도 이 무렵 이탈리아 원정을 통해 명예 결투의 관습을 받아들였다. 프랑스의 한 시대를 풍미했던 명예 결투의 뿌리가 이탈리아에 있었던 셈이다.

16세기 이후 이탈리아에서 확립된 근대적 결투 예법이 전 유럽으로 빠르게 전파되었는데, 여기에는 결투장 전달법, 무기 선택법, 싸움 규칙 등이 포함되어 있었다. 당시 결투 참가자들은 이미 말을 타거나 투구를 쓰지 않았고 둔중한 검을 드는 대신 가볍고 좁은 데겐Degen을 쓰고 있었다. 완력의 시대는 가고 민첩성과 기술의 시대가 온 것이다. 이때부터 현대 권투처럼 우아하고 경쾌한 몸놀림이 중시되기 시작했다.

머잖아 이탈리아 밀라노가 검술의 중심지로 떠올랐고 명망 높은 스승에게 검술을 배우려는 젊은이들이 유럽 전역에서 몰려들었다. 검술을 미리 단련하여 장래에 일어날 수 있는 명예 결투에 대비하기 위해서였다. 이 무렵에 결투의 종교적 전례典禮 의식이 사라졌고, 왕이나 국가의 간섭을 피할 수 있는 비밀 결투장이 생겨났다.

이탈리아 귀족 남성들 사이에서 시작된 명예 결투는 나중에 귀족 여성에게까지 확대되었다. 또 결투에 얽힌 이야기가 대

| 호세 데 리베라, 〈결투하는 두 부인〉, 1636년.

중의 흥미를 자극하여 결투 자체가 선풍적인 '사건'으로 발전하기도 했다. 그 대표적인 사건이 한 화가의 그림으로 남아 있다. 바로 스페인에서 태어나 평생 이탈리아 나폴리에서 살았던 호세 데 리베라의 1636년 대표작 〈결투하는 두 부인Combate de Mujeres〉이다. 이 여성들은 이사벨라 드 카라치와 디암브라 드 페티넬라로, 실제로 한 남성을 두고 결투를 벌였다. 이 그림은 이탈리아 사람들의 기질을 잘 표현했다는 평가를 받으며 당시 큰 화제를 불러일으켰다.

프랑스의 명예 결투

명예 결투는 르네상스 시대의 이탈리아 도시 국가에서 큰 인

| 자르나크 백작과 샤테뉴레 영주의 결투를 그린 판각본을 복원한 모습.

기를 끌었으나 왕의 권위가 압도적이었던 중앙 집권 국가 프랑스에는 쉽게 뿌리내리지 못했다. 그러나 16세기 초가 되자 프랑스에도 기사도에 입각한 명예 결투를 제도권 안으로 들여놓기 위한 기관인 '명예 재판소'가 설립되었다.

프랑스의 변화를 상징하는 사건이 자르나크 백작 기 샤보와 샤테뉴레 영주 프랑수아 드 비본의 결투다. 샤테뉴레 영주는 자르나크 백작이 본인의 새어머니 마들렌느와 부정한 관계를 맺었다는 사실을 자신에게 여러 번 자랑했다고 주장했다. 한편 자르나크 백작은 그 사실을 모두 부정하고 샤테뉴레 영주가 거짓 소문을 퍼뜨려 자신을 음해한다고 비난했다. 둘 다 서로를 심하게 모욕했기에 결투를 피할 수 없었다. 그러나 프랑스 왕 프랑수아 1세가 사적 결투를 인정하지 않아 어쩔 수 없이 참는 상황이었다.

그러나 1547년에 사망한 프랑수아 1세를 대신해 왕위에 오른 앙리 2세가 결투로 시비를 가리는 것을 허락했고, 두 사람은 마침내 중세 기사의 마지막 결투 재판이 될 명예 결투를 실행할 수 있었다. 왕과 신하들은 갑옷과 방패를 갖춘 기사들의 결투를 지켜보기 위해 생제르맹의 결투 장소로 모여들었다. 왼쪽 그림을 보면 두 사람이 검을 들고 있다. 그런데 뒤에 말도 준비된 것으로 보아 하루 안에 마상 결투까지 치른 듯하다.

검술이 뛰어났던 샤테뉴레 영주는 자신의 승리를 확신하여 화려한 축하 연회까지 미리 준비해 두었다고 한다. 그러나 결투가 시작되자마자 자르나크 백작이 허를 찔러 교묘하게 말의 방향을 바꾸며 샤테뉴레 영주의 왼쪽 종아리를 두 번이나 벴다. 전투를 지속할 수 없게 되자 이성을 잃고 분노한 샤테뉴레 영주는 의사와 사찰관의 도움조차 거부한 채 과다 출혈로 죽고 말았다. 이 사건에서 유래한 '자르나크의 찌르기'라는 말이 '속여서 쓰러뜨리기'라는 의미로 쓰이고 있으나, 사실 정당한 결투 기술이었다.

샤테뉴레 영주를 아꼈던 앙리 2세는 그의 시체 앞에서 다시는 결투를 허락하지 않겠다고 맹세했다. 그러나 그 노력도 결실을 거두지 못하여 사적 결투는 프랑스에서 급속히 늘어났다. 앙리 4세가 통치한 1589년부터 1606년 사이에 7,000명 이상의 귀족이 결투로 목숨을 잃을 정도였다. 왕의 고문인 쉴리 대공이 이 악습을 없애려고 애썼으나 앙리 4세는 싸움을 통해 백성이 전쟁을 대비할 수 있다며 결투를 묵인했다.

루이 13세 때인 1626년에야 뒤늦게 리슐리외 추기경이 안간힘을 써서 의회에 엄격한 반[反]결투법을 통과시켰다. 그런데 부트빌 백작이 법을 어기고 대낮의 루아얄 광장에서 뵈브롱 후작과 결투를 벌이는 사건이 일어났다. 데겐과 단검을 썼음에도 두 사람 다 이 결투에서는 다치지 않았지만, 처참한 결과를 불러왔다. 리슐리외가 이 사건을 철저히 본보기로 삼으려 했기 때문이다.

뵈브롱 후작은 영국으로 도망쳐 목숨을 가까스로 건졌지만 부트빌 백작과 그의 일행은 체포되어 사형을 선고받았다. 루이 13세가 귀한 가문의 자손인 부트빌을 처형하기를 꺼리자 리슐리외가 이렇게 말했다고 한다. "폐하! 이것은 결투를 폐지하느냐 법률을 폐지하느냐 하는 문제입니다!"

결국 왕은 눈물을 흘리며 자비를 간청하는 부트빌 백작의 부인을 외면하고 리슐리외의 말을 따랐다. 부트빌 백작은 상대를 죽이지 않았는데도 처형대에서 참형을 당했다. 그는 반

결투법을 위반한 대가로 목숨을 잃은 최초의 인물이 되었다.

귀족이 몰락한 후에도 명예 결투는 사라지지 않았다. 프랑스 혁명 이후 시민 계급에 떠밀려 존재감을 잃은 왕족과 귀족 대신 장교들이 결투를 계속했기 때문이다. 그러다 왕정이 복고되자 귀족들은 전보다 더 신분에 집착했다. 명예를 목숨처럼 여기며 자신의 존엄을 모욕하거나 무시한 상대에게 반드시 결투를 신청함으로써 존재를 증명하려 했다. 기독교와 정치권이 결투를 금지할수록 그들은 사적 결투에 매달렸다. 억압이 오히려 결투를 부추긴 셈이다.

인간이 결투를 통해 허영심, 자존심을 충족하기 시작했다는 점에서 이때 근대적 결투가 시작되었다고 볼 수 있다. 근대 결투의 목적은 특정한 이상이나 이념을 실현하는 것이 아니라 결투 그 자체에 있었다. 그러나 중세에 귀족들이 결투를 주도했던 것처럼, 근대에도 정치가, 장교, 대학생 등의 사회 엘리트 계층, 혹은 그 후보들이 결투를 주도했다. 그에 비해 사회의 주도권을 새로 장악한 부르주아 계급은 결투에 거의 관심을 보이지 않았다. 당시에 결투를 야만 행위로 보는 풍조가 생겨난 데다 재판 제도가 확립되었기 때문이다.

스가노 미치나리

5
영국의 결투

튜더 왕조에서 19세기 초까지

결투 관습이 고대 노르만족을 거쳐 영국에 전파된 결과, 독일, 프랑스, 이탈리아, 스페인, 벨기에뿐만 아니라 중세 이후 영국에서도 결투가 크게 유행했다. 특히 16세기 후반 튜더 왕조의 엘리자베스 1세 시대에 결투가 가장 성행했다.

그러나 영국은 1614년에 최초로 결투 관련 형법을 제정하여 결투를 살인죄 또는 대역죄로 규정하고 결투자를 사형에 처하겠다고 공표했다. 17세기 중순 영국의 왕정을 폐지하고 공화제를 주도한 청교도의 지도자 크롬웰도 "개인적 싸움인 결투는 모독적, 비기독교적이며 국가 질서와 현저히 모순된다."라고 공공연히 선언했으며 유럽 대륙의 기독교도들도 그 생각에 동의했다.

그러나 크롬웰의 청교
도 혁명 이후 시간이 흘
러 1660년에 왕정이 복
원되고 스튜어트 왕조
가 다시 집권하자 영국
의 결투 관습도 부활했

| 해밀턴과 모훈이 하이드파크에서 결투하는 모습.

다. 이런 역사를 보면 역시 봉건 왕정과 결투는 밀접한 관계라
고 말할 수밖에 없다. 어쨌든, 이때부터 결투는 다시 일상다반
사가 되었다. 그중에서도 스코틀랜드의 해밀턴 공작 제임스
해밀턴과 콘월 남작 모훈의 유산 분쟁이 결투로 이어진 사건
이 유명하다.

해밀턴 공작은 평소에 인망이 두터웠고 모훈 남작은 난폭하
기로 소문난 사람이었는데, 모훈 남작이 결투를 먼저 신청했
다고 한다. 1712년 1월에 벌어진 결투는 두 명 모두 부상으로
사망하고 수행원 두 명은 범법자가 되어 국외로 도망치는 비
참한 결과를 낳아 당시 큰 화제가 되었다.

결투 풍조는 이후로도 이어져, 1765년에는 시인 바이런 경
의 숙부인 바이런 남작이 이웃인 차워스와 결투를 벌이는 사
건이 일어난다. 어느 날 바이런 남작과 차워스가 음식점에서

함께 식사하던 도중에 차워스가 바이런 남작과 바이런 경을 모욕했기 때문이었다. 모욕감을 견디지 못한 바이런 남작이 차워스에게 즉시 결투로 결판을 내자고 제안했다.

두 사람은 음식점 안에서 촛불만 켜져 있는 다른 방으로 옮겨 데겐으로 싸웠고, 그 결과 차워스가 칼에 찔려 사망했다. 이 사건으로 바이런 남작은 상원에 소환되어 살인죄로 유죄를 판결받았다. 이처럼 18세기부터 19세기 초 사이의 영국에서는 결투 문화가 극에 달했다. 정치가나 국회의원도 걸핏하면 칼과 권총을 들었다. 당시에 정치가나 군인이 일으킨 결투 사건을 몇 가지 더 살펴보자.

먼저, 외무장관 등을 역임한 정치가 찰스 제임스 폭스가 스코틀랜드의 상급 재판소장인 윌리엄 애덤과 결투한 사건이 있었다. 폭스가 먼저 총을 쏘기로 했지만, 그는 애덤과 싸울 이유가 없다며 발사를 거부했다. 반면 애덤은 정해진 대로 폭스를 쏘려 했고, 그때 폭스의 수행원이 "옆으로 도세요!"라고 외쳤다. 이때, 성격이 대담했던 폭스는 "난 뚱뚱해서 옆을 보든 앞을 보든 똑같아."라고 말하고 결국 총에 맞아 중상을 입었다고 한다.

이 일화가 당시에 화제가 된 듯, 정치 풍자화를 주로 그렸던 영국의 화가 제임스 길레이가 그 장면을 1780년에 캐리커처로

| 폭스와 애덤의 결투를 그린 제임스 길레이의 캐리커처, 1780년.

재현했다. 위 그림에는 여우로 변한 폭스가 정면을 보고 총에 맞는 장면이 그려져 있다. 화가가 폭스의 이름^{Charles James Fox}에서 힌트를 얻어 그를 살찐 여우^{Fox}로 그린 것이다. 참고로 길레이의 대표작은 나폴레옹과 프랑스 혁명을 반대하는 그림으로,

프랑스 혁명 격동기에 많은 캐리커처를 남겼다.

| 찰스 제임스 폭스, 1782년.

결투는 심지어 정치계의 최고층까지 퍼졌다. 윌리엄 피트 총리도 의회에서 야당의 창립자인 조지 티어니에게 모욕적 발언을 했다가 결투 신청을 받았고, 런

던 퍼트니 히스에서 실제로 결투를 치렀다. 1807년에는 피트의 정적이었던 프랜시스 버데트가 자신을 모욕한 정적 제임스 폴과 윔블던에서 명예 결투를 벌였고, 둘 다 중상을 입었다. 그로부터 2년이 지난 1809년, 총리와 외무장관 등을 역임한

| 토리당 대표 웰링턴 공작.

| 휘그당 의원 윈칠시 백작.

조지 캐닝도 명예를 지키기 위해 정치가이자 외교관인 로버트 스튜어트와 결투를 했고 중상을 입었다.

영국에서는 19세기 초반까지도 결투가 흔했다. 초대 웰링턴 공작인 웰즐리도 '신사는 자신을 모욕한 자에게 즉시 결투를 신청해야 한다. 그리고 결투 신청을 받은 자는 그것을 결코 거부해서는 안 된다.'라는 신념의 소유자였다. 그래서 영국 총리이자 토리당 대표로 재직했던 1829년에 휘그당 의원이자 윈칠시 백작인 해턴에게 결투를 신청했으나 다행히 피를 보지 않고 화해했다고 한

다. 막상 결투장에 가 보니 해턴 백작이 총구를 하늘로 겨누고 있어서 자신도 방아쇠를 당기지 못했다.

이처럼 영국에서도 19세기 초반까지는 결투로 분쟁을 해결하는 사람이 많았다. 심지어 1840년 이전에는 군사 재판에서도 장교 간 결투의 법적 효력을 인정했다. 그러나 몇몇 결투 사건에서 사망자가 생긴 후 분위기가 달라지기 시작했다. 1840년 9월에는 카디건 백작 블런딜이 결투 중에 영국군 대위 하비 터킷에게 중상을 입혔음에도 상원이 그에게 무죄 판결을 내린 일이 화제가 되었다. 그리고 1843년에는 알렉산더 중위가 매부인 포셋 중령을 결투로 살해했다. 이 사건은 결투를 군사 재판 회부 대상으로 만들었고, 참여자는 면직 처분을 받게 되었다. 그러나 그로부터 1년 후 또다시 두 명의 소위가 결투를 벌여 한쪽이 죽고 말았다. 혈기 왕성한 군인들은 여전히 결투로 충돌을 해소하고 싶어 했다. 그러나 이미 결투를 칭송하는 분위기는 사라진 뒤였다.

영국 스포츠와 신사도의 보급

영국에서는 이 비참한 사건들 이후 결투를 격렬하게 반대하는 움직임이 본격적으로 일어났다. 이것은 19세기에 시작된 스포츠의 유행과도 깊은 관련이 있다. 럭비, 축구, 하키, 승마 등 영국의 민속 행사에서 시작된 스포츠, 그리고 귀족들이 즐기던 몇몇 스포츠가 공립학교 등을 통해 확대되면서 결투의 열기가 점차 가라앉았다. 드디어 사람들이 결투에서 스포츠로 관심을 돌린 것이다.

영국에는 특이한 점이 또 하나 있다. 귀족층이 부르주아 계급을 받아들이고 신사도를 확대했다는 것이다. 영국에서는 교양과 덕성을 갖춘 인물이 존경받았다. 야만적인 결투는 신사도를 크게 거스르는 행위였으므로 사람들은 점점 결투를 배척했다. 자신을 신사로 여기는 사람이라면 누구나 결투를 혐오하게 되었다. 그래서 영국에는 싸움이라고는 권투 경기밖에 남지 않게 되었고 19세기 후반부터는 육군과 해군에서조차 결투가 완전히 사라졌다.

앞서 말했다시피 결투의 소멸은 스포츠가 발달하고 신사도가 널리 확대된 결과다. 귀족 계급을 대체한 신흥 부르주아 계급도 신사도를 계승하여 결투에는 눈길도 주지 않고 교양과 덕성을 길렀다. 점점 발전하는 의회제 민주주의가 그 흐름에 박차를 가했고, 왕실도 위로부터의 결투 근절 운동을 추진했다.

빅토리아 여왕의 남편 앨버트 공도 국회의원, 고급 장교 들과 협력하여 이 운동을 이어나갔다. 실제로 그가 '결투를 저지

| 19세기 초 영국 런던의 재판소.

하는 협회'를 창설하자마자 육군 대장 76명과 해군 대장 13명
이 즉시 입회했다. 고위층의 실천이 군대 전체에 큰 영향력을
미친 것이다.

　또 앨버트 공은 군인 복무규정의 한 조항을 정부 법안으로
받아들이는 방침을 통과시켰다. 그 내용은 다음과 같다. "상
대에게 부당한 행위나 모욕적인 발언을 한 자는 사죄하고 그
행위를 보상하여야 하며, 모욕을 당한 자를 위해 적절한 사죄
와 보상을 하는 것이야말로 명예를 중시하는 남자의 품성에
걸맞은 태도다."

영국이 이렇게 변한 것은 대영 제국의 절정기인 빅토리아 여왕 시대에 자유당과 보수당이 교대로 집권하면서 입헌 군주제를 발전시킨 덕분이다. 그래서 모든 분쟁을 재판으로 해결해야 한다는 분위기가 완전히 자리 잡았다. 그 결과 결투는 근대 영국에서 완전히 금지되었고, 1840년대 중반 이후로는 거의 사라졌다.

이처럼 영국에서는 결투 관습이 일찌감치 근절되었다. 이것은 민주주의적 의회제, 법 제도가 정비된 덕분이기도 했지만, 사실 결정적인 이유는 사회 지도층 다수가 그 법을 지키려고 노력했기 때문이다. 반면 프랑스는 여전히 결투 규제를 무시했다. 이탈리아도 마찬가지였다. 나폴리 왕이 1841년에 결투 주모자뿐만 아니라 입회인으로 참여한 자도 8년간의 중노동에 처한다고 공표했지만 소용이 없었다. 심지어 독일에서는 19세기 후반부터 교양 있는 시민들의 결투가 유럽의 다른 나라들에서보다 극히 성행했다.

스가노 미치나리

6
노래와 편지로 결투한 북유럽

노래 대결

다른 나라의 신화들이 그렇듯 게르만족의 신화, 즉 북유럽 신화에도 결투 장면이 등장한다. 고대 노르드어로 기록된 영웅 서사시 중 왕자 헬기의 이야기가 대표적이다. 헬기는 이웃 나라에 원정을 나갔다가 숲속에서 슬퍼 보이는 미녀 시그룬을 만난다. 그녀는 난폭한 훈딩 왕과 억지로 결혼하게 되어서 상심에 빠져 있었다. 시그룬에게 첫눈에 반한 헬기는 성을 찾아가 왕에게 결투를 신청한다. 그 결과 왕을 쓰러뜨리고 시그룬과 결혼한다. 이후 이야기는 여러 번의 윤회를 거쳐 복잡하게 전개되지만, 결국은 헬기가 보복을 당해 결투하다가 죽는

| 죽음을 앞둔 헬기, 북유럽 고대 신화집 《에다》의 삽화,
1893년.

것으로 끝난다.[7]

이처럼 결투가 북유럽까지 전파되었지만, 북방에서는 결투가 목가적이면서도 매우 기묘한 형태로 발달했다. 그린란드에 사는 이누이트족의 결투가 대표적이다. 이들 또한 유럽에서처럼, 누군가에게 모욕을 당하면 자신을 모욕한 상대에게 결투를 신청하는 것이 관례였다. 하지만 이들은 결투에서 위험한 무기를 전혀 쓰지 않고, 대신 많은 사람 앞에서 노래를 부르며 대결을 펼쳤다. 모욕당한 자는 사람들 앞에서 상대를 비웃는 노래를 불렀다. 혹시라도 가사를 잊어버리면 친구들이 그 대목을 대신 불러 줄 수도 있었다.

그다음에는 결투 신청을 받은 자가 위트 넘치는 통렬한 가사

---

7 일반적으로 북유럽 신화에서 헬기는 시그룬과는 관계없이 훈딩 왕을 죽인 다음 시그룬을 만난다고 알려져 있다. 그리고 시그룬을 그란마르의 호스브로드 왕에게 강제로 시집보내려던 시그룬의 아버지 호그니 왕과 시그룬의 남자 형제들을 죽이고 시그룬과 결혼한다.

로 반격했다. 청중이 이 노래를 좋아하지 않으면 패배자가 되었다. 승자는 패자의 소유물 중에서 가장 좋은 것을 가질 권리를 가졌다. 그러나 반대로 먼저 공격한 자의 노래가 시시하거나 지루하다면 그가 친구들과 함께 창피를 당하고 그 자리에서 쫓겨났다.

노르웨이에서도 독특한 결투 관습이 18세기 초까지 이어졌다. 서로를 밧줄로 묶어서 움직이지 못하는 두 사람이 벌거벗고 대치하는 것이었는데, 오른손으로는 칼을 휘두르고 왼손으로는 그 공격을 막으면서 한쪽이 패배를 선언할 때까지 싸움이 계속되었다. 이 싸움의 목적은 상대에게 치명타를 입히는 것이 아니라 인내력을 겨루는 것이었다.

스웨덴 왕과 덴마크 왕의 결투 편지

스웨덴에서도 17세기와 18세기 사이에 결투 관습이 크게 확대되었다. 특히 스웨덴 왕 칼 9세는 기사도를 신봉하는 인물이어서 정치적인 문제마저 결투로 해결하려 했다. 그가 덴마크 왕 크리스티안 4세에게 결투를 신청하며 보낸 편지에 이런 특징이 잘 드러나 있다. 칼 9세의 편지 내용은 이랬다.

당신의 행동은 기독교 교리를 따르는 성실한 왕의 행동이 아니다. 당신은 슈체친 강화 조약을 깨고 유혈 참사를 일으키는 등 배신행위로 칼마르를 점령했으니 신의 처벌을 받는 것이 옳다. 다른 효과적인 수단을 찾지 못했으므로 나는 고트족에게 예로부터 전해 내려오는 훌륭한 관습에 따라 당신에게 결투를 신청한다. 당신은 기사도 정신을 아는 귀족 두 명을 수행원으로 데려올 수 있다. 나는 흉갑이나 갑주 없이 철 투구만 쓰고 오른손에 검을 들고 결투에 임할 것이다. 만약 그 자리에 나타나지 않으면 당신은 성실한 왕도, 용감한 전사도 아니다.

리스뷔에서. 1611년 8월 11일. 칼.

이 편지를 받은 덴마크 왕 크리스티안 4세는 조롱하는 거절 답장을 보냈다.

당신의 경솔하고 불손한 말에 어처구니가 없다. 한여름 더위 탓에 머리가 이상해진 게 분명하다. 내가 슈체친 강화 조약을 깼다고 했는데, 그것은 겁먹은 개가 자신을 지키려고 짖어대는 소리처럼 의미 없는 허언일 뿐이다. 당신은 신 앞에 나아가 당신이 일으킨 전쟁과 거기서 뿌린 죄 없는 피, 그리고 가신들에게 부린 횡포를 변명해야 할 것이다.

내가 배신행위로 칼마르를 점령했다는 주장은 전혀 사실이 아니다. 나는 성실한 전사로서 떳떳하게 그곳을 점령했다. 당신 이야말로 부끄러운 줄 알아야 한다! 결투까지 갈 것도 없이 당신에게는 이미 신의 처벌이 내렸다. 돌아버린 당신의 머리를 정상으로 회복하려면 의사의 도움을 받는 게 좋을 것이다. 성실한 한 인간을 부당하게 비난한 당신 자신을 부끄럽게 생각하기를 바란다.

칼마르에서. 1611년 8월 14일. 크리스티안.

내용이야 어쨌든, 스웨덴 왕은 이 편지를 읽고 마음이 가라앉은 듯하다. 역사상 북유럽의 두 왕이 결투했다는 기록이 남아 있지 않기 때문이다. 한쪽은 혈기에 휩쓸렸지만 다른 한쪽이 상황을 냉정하고 이성적으로 판단한 덕분에 결투를 피할 수 있었다. 게르만 신화를 신격화하여 민족의 사상적 뿌리로 삼은 독일 사람들과는 달리 스웨덴 사람들은 신화와 역사를 일체화하지 않고 둘 사이에 거리를 두었던 듯하다. 한편 정열적인 남유럽 사람들은 결투에 깊이 빠져들었다.

스가노 미치나리

보충

미국의 결투

미국 건국 초기의 결투

미국은 유럽과 달리 이민자들이 세운 나라이므로 결투의
역사도 유럽과 달랐다. 이 책은 유럽 결투사 책이라 미국 결투
사는 원래 다루지 않을 예정이었지만, '결투'라는 말을 들으면
미국의 서부극을 떠올리는 사람이 대부분이라 내용을 조금
보충하기로 했다. 그래서 지금부터 미국 건국 초기 상황과 결
투의 관계를 살펴보고, 서부극과 미국 대통령의 결투 일화 등
을 소개하면서 유럽과의 차이점을 분석하려 한다. 유럽의 결
투는 대개 사회 주류인 귀족과 기사의 자존심 싸움이었지만,
미국의 결투는 그 외의 요인이 크게 작용했다.

미국의 13개 주가 1776년에 영국으로부터 독립하여 공화국을 선언한 당시에는 당연히 결투를 일으킬 왕족도 귀족도 없었다. 게다가 당시 청교도 윤리 규범이 결투를 배척했다. 그런데도 인간의 본능 탓인지, 미국에서도 결투는 19세기 후반까지 계속되었다.

개척자의 나라인 미국은, 국민 스스로가

| 미국의 독립 13주.

국가를 만들어 나간다는 특이한 분위기가 있었다. 그래서 개척 당시뿐만 아니라 독립과 건국을 성취한 이후에도 '자치'가 매우 중요했다. 남부와 서부 개척지에서는 미비한 국가 치안을 보강해 줄 보안관과 자경단이 더욱 절실했고 개인의 총기 소지도 인정되었다. 이런 환경이 결투 문화에 큰 영향을 미쳤다. 그래서 유럽에서는 귀족과 기사가 결투를 주도했지만, 미국에서는 군인, 정치가, 농장주가 결투를 주도했다. 요컨대 신생 국가 미국의 개척자 정신과 자기방어 심리가 미국의 결투 문화를 낳은 것이다.

그러면 미국의 결투란 과연 무엇일까? 미국의 결투는 절차와 규칙에 따라 진행되는 유럽의 결투와는 달랐다. 때로는 유럽처럼 절차대로 진행되기도 했지만, 보통은 개척자의 싸움이 그때그때의 형편에 따라 결투로 발전하는 경우가 많았다. 유럽에서는 이런 싸움을 결투로 간주하지 않았으나 미국인은 결투로 보았다. 많은 사람이 자신을 지키기 위해 총을 갖고 다녔으므로 결투 무기도 대개 권총이었다. 이로써 권총 대결로 분쟁을 마무리하는, 신대륙만의 독특한 결투 문화가 생겨났다.

오락거리가 적었던 18세기 말의 미국, 특히 펜실베이니아주 필라델피아에서는 '결투 쇼'가 유행했다. 이 쇼는 잔혹한 동물 학대 현장을 보여 주는 서커스와 크게 다르지 않았다. 보통 흑인 두 명을 등장시켜 서로 주먹다짐을 시키는 일이 많았고, 때로는 무기까지 쓰게 했기 때문이다. 이것은 명확한 인종 차별이었지만, 관객들은 내기를 걸며 흥분했다. 나중에 상세한 규칙을 정하고 방호구를 입히는 등 야만성을 배제한 뒤로는 권투, 레슬링 등 스포츠로 변해 갔지만, '결투 쇼' 자체는 오락과 도박을 근절하려는 청교도들의 집중 공격을 받아 결국 폐지되었다.

18세기 말에는 사우스캐롤라이나주의 찰스턴에 '결투 협회'가 설립됐다. 여기에도 미국의 문화적 특징이 드러난다. 미국인들은 단체나 클럽을 통해 인간관계를 추구하려 한다는 점이다. 그렇다 보니 미국에는 프리메이슨과 로터리 클럽이 여전히 건재하다. 심지어 얼마 전까지 KKK가 세력을 과시하기도 했다. 그래서 결투 규칙의 취지를 널리 알리고 규칙 준수를 권장할 목적으로 결투 협회가 만들어졌다. 하지만 이것도 얼마 못 가 반결투 협회의 공격으로 폐지되었다. 그리고 의회에서도 반결투 결의를 채택했다.

그러나 미국은 광대하여 지역 차가 컸다. 영국 문화의 영향을 많이 받은 북부는 고지식한 분위기가 강했고 남부는 농업지역 특유의 투박한 분위기가 지배적이었다. 중부와 서부는 일확천금을 꿈꾸는 무법자가 많은 데다 문화적으로 프랑스, 스페인의 영향을 많이 받아 분위기가 거칠었다. 이 특성이 결투에도 영향을 미쳐, 북부 사람들은 입회인이나 수행원을 중시했던 반면 남부나 서부 사람들은 규칙을 무시하고 감정에 따라 행동하는 경향이 있었다. 무기도 달라서 영국형 결투에서는 권총이, 프랑스와 스페인형 결투에서는 검이 주로 사용되었다. 특히 개척 시대에 남부 뉴올리언스 주변에서 벌어진 결투는 프랑스 귀족의 영향력이 짙게 드러났다.

그러다 1840년대에 캘리포니아에서 금광이 발견되었다. 소위 '서부 개척 시대'가 열렸고 야심가들이 모인 서부가 결투 중심지로 떠올랐다. 일확천금을 꿈꾸는 사람이 모두 모인 서부에서는 유럽 대륙과 달리 천박한 동기로 결투가 벌어질 때가 많았다. 사람들은 결투를 통해 자신의 총 솜씨를 시험하고 상대를 무너뜨리려 했다.

많은 기록에 따르면, 특히 서부 사람들이 야생적인 결투를 선호했다. 그들에게 결투는 유럽인처럼 정해진 규칙을 따르는 의례가 아니라, 감정대로 분쟁을 해결하는 야생의 방식이었다. 원시적인 무법 사회를 연상시키는 풍조는 결투 규칙 중에서도 결투 신청서, 입회인 교환 방식에 변화를 가져왔다. 이를 통해 미국의 결투가 탄생했다. 그럼 이제 미국의 전형인 서부 활극, 그리고 다혈질이었던 잭슨 대통령의 일화를 소개하겠다.

서부극의 실체

미국의 결투라 하면 서부극 영화의 한 장면을 떠올리는 사람이 많을 것이다. 하지만 서부극을 질리도록 보았던 사람으로서 한마디 하자면, 영화에 묘사된 결투 장면의 인상이 워낙 강렬해 당시 미국의 결투도 그랬으리라고 착각하기 쉽지만 실제로는 그렇지 않았다. 당연한 말이지만, 서부극은 결투가 완전히 사라진 후에 제작됐다. 따라서 1940년대 후반부터 1960년대까지 전성기를 누린 모든 서부극은 미국 개척기를 회고하는 작품이다. 개중에는 역사적 사실을 소재로 활용한 것도 있었지만, 대부분은 오락을 목적으로 꾸며낸 이야기가 바탕이 되었다. 관객들은 그 허구를 감상하며 결투의 긴장감과 카타르시스를 맛보았다.

실제로 개척기 미국에서는 벽보로 상대를 도발하여 결투를 벌이는 경우가 많았다. 결투 신청서를 건물 출입구, 술집, 사람이 많이 다니는 곳에 붙이는 장면이 영화에도 많이 나온다. 이처럼 결투의 의미는 유럽과 달랐으나, 권총 소지가 합법이었던 탓인지 결투 횟수는 유럽보다 많았다. 개척기 미국의 야생적인 사회 환경이 이런 문화를 낳았을 것이다.

〈황야의 결투〉, 〈OK 목장의 결투〉는 애리조나준주^{準州}에서 일어난 역사적 결투를 다룬 영화들이다. 이 영화의 내용을 역사적 사실과 대조하며 미국 결투의 실태를 살펴보자. 〈OK 목장의 결투〉에 나오는 결투는 사실 개척지 서부에서 벌어진 불량배의 난투극이었다. 즉 입회인을 대동하고 규칙을 준수하는 유럽의 결투와는 전혀 다른, 일종의 자의적 집단 총격전이었다. 미국 사람들은 폭주하는 무리가 난투를 벌이는 이런 사건까지 결투라고 불렀다.

1952년에 제작된 〈하이 눈〉은 보안관이 1 대 4로 싸우는 이야기로, 주인공인 게리 쿠퍼가 전광석화처럼 권총을 뽑아 싸움을 평정하는 장면이 볼만하다. 그런 긴장감이 서부극의 백미이긴 하지만, 어디까지나 공식화된 미국 영화의 미학일 뿐이다. 사실 당시 권총은 구조상 그렇게 빨리 뽑을 수 없었다. 실제 결투에서 권총 뽑기 기술이 발휘된 경우는 아마 손꼽을 정도로 드물 것이다.

그래도 서부극은 미국의 개척 시대를 생생하게 보여 주기에 알맞은 매체였다. 개척자 정신, 영웅 같은 보안관, 원주민과의 대결 등의 이야기는 미국인뿐만 아니라 미국 영화를 받아들인 외국인에게도 통쾌함을 안겨 주었다. 그러나 역사적 관점에서 보면 서부 개척과 골드러시, 아메리칸드림은 전부 아메리카 원주민의 희생 위에 성립된 가치다. 현실의 서부 개척사란 원주민을 배척하고 차별한 역사일 뿐이다. 그래서 이제 서부극의 사상은 받아들여지지 않을 것이고 앞으로 부활할 가능성도 없다.

하마모토 다카시

결투를 되풀이한 미국 대통령

제7대 미국 대통령인 앤드루 잭슨은 미국 역사상 가장 종잡을 수 없는 인물이다. 그는 대통령의 자리까지 올라간 위대한 정치인인 동시에 분별없는 무뢰한이자 결투 애호가였다. 농민 출신이었던 그는, 오늘날 새삼 주목받는 '반지성주의'처럼 역사적인 개혁과 '인디언' 탄압을 시행했다. 그런데 20달러 지폐에 초상화가 실린 것을 보면 미국에서는 인기가 꽤 있는 듯하다. 그가 남긴 일화가 다양하지만 여기서는 결투 사건들만 살펴보겠다.

잭슨은 14살부터 남다른 대담함을 보였다. 당시는 미국 독립 전쟁 초기였으므로, 잭슨도 군대에서 잔심부름을 하다가 영국군에 잡혀 포로가 되었다. 그런데 어느 날 코핀이라는 영국군 장교가 부츠를 닦으라고 명령했다. 하지만 잭슨은 "나는 전쟁 포로이니, 그에 합당한 취급을 받아야 한다."라며 명령에 불복했다. 격분한 장교가 기병용 칼인 세이버^{Saber}를 휘두르자 잭슨은 재빨리 왼팔을 들어 방어했다. 그러나 칼날이 손 관절을 절단하고 뼈까지 닿았다고 한다. 그날 잭슨은 인생 최초의 칼자국을 뺨과 손에 남기게 되었다.

농민으로 태어나 법률을 공부한 이 못 말리는 젊은이는, 21세에 개척기 미국 서남부 국경 지대로 떠나 빛나는 미래를 개

| 영국인 장교 코핀에게 맞서는 소년 시절의 잭슨, 1876년.

척하기 시작한다. 그리고 미국 중남부, 지금은 아칸소주 존즈버러가 된 지역에서 첫 결투를 경험하게 된다.

잭슨은 아직 젊어서 법률 지식이나 변호사 경험은 부족했지만, 개척지 주민들의 심리를 잘 알았기 때문에 변호 의뢰가 끊이지 않았다. 그런데 한 공판에서 나이가 지긋한 법률가인 에이버리가 법률 지식이 부족하다며 잭슨을 공개적으로 비웃었다.

이에 잭슨은 신랄한 어조로 대꾸했다. "제가 당신보다 법률 지식은 부족할지 몰라도 자격 없는 사람이 보수를 부당하게 챙기면 안 된다는 것쯤은 잘 알고 있습니다." 그 순간 법정은 경악과 침묵에 휩싸였다.

에이버리가 "잭슨 씨, 제가 부당한 보수를 받았다는 뜻입니까?"라고 묻자 잭슨은 "바로 그렇습니다!"라고 대답했다. 에이버리는 "터무니없는 거짓말이오!"라며 분노했다. 언쟁 끝에 잭슨이 결투를 신청했고 두 사람은 마을 북쪽의 저지대로 장소를 옮겼다.

그러나 웬일인지 둘 다 하늘을 향해 총을 쏜 다음 악수를 하고 결투를 끝냈다. 진심으로 결투할 마음은 없었으나 언쟁을 끝내려는 의도로 잭슨이 결투를 신청한 것이었다. 하지만 그 후 잭슨의 인생에 이처럼 안전한 결투는 단 한 번도 없었다.

잭슨은 1796년에 30세의 나이로 테네시주의 하원 의원이 되었고, 그 이듬해에는 민주공화당의 상원 의원으로 선출되었다. 이어 1804년까지 테네시주 대법원 판사로 재직했으며 나중에는 미국 민병대의 장군이 되었다. 잭슨의 눈부신 출세는 테네시주의 주지사이자, 미국 독립 전쟁의 영웅으로 명성을 떨친 그의 정적 존 서비어에게는 울화통 터지는 일이었다. 잭슨이 그를 공적인 장소에서 토지 사기꾼이라고 규탄했기 때문이었다.

1805년, 서비어는 재판소에서 열정적으로 연설하던 중에 공공복지에 기여한 자신의 공적을 자랑하고 잭슨의 정치적

| 미국 대통령 잭슨.

| 아내 레이철.

야심을 조소했다. 잭슨은 그 말을 듣자마자 곧바로 반론했다. "주지사님! 저를 비방하지 마십시오. 저도 이 지역을 위해 온 힘을 다했습니다. 그것은……." 그러자 서비어가 코웃음을 치며 잭슨의 말을 가로막더니 이렇게 말했다. "온 힘을 다했다고요? 당신이 지역을 위해 무슨 일을 했는지 저는 전혀 모르겠군요. 남의 부인을 데리고 나체즈로 도망쳤던 것 말고는……." 이것은 잭슨의 결혼에 얽힌 복잡한 사연을 조롱하는 말이었다.

잭슨의 아내 레이철은 잭슨과의 결혼이 두 번째였다. 이렇게 된 데에는 사정이 있었다. 레이철의 전남편은 질투가 심하고 난폭해서 폭력을 자주 휘둘렀다. 레이철은 그를 떠나 친정에 있었는데, 그때 잭슨을 알게 되어 재혼한 것이다. 두 사람은 결혼 후에도 전남편이 쳐들어오는 바람에 미시시피강 하류의 나체즈까지 도망친 적이 있었다. 게다가 레이철의 이혼 절차가 잘 마무리되지 않아서 2년 이상 어쩔 수 없이 법적으로 불륜 관계였다. 그런데 정적 서비어가 그 오래된 상처를 헤집은 것이다.

서비어의 한마디에 주변이 찬물을 끼얹은 듯 조용해졌다. 분노로 얼굴이 벌겋게 달아오른 잭슨은 "뭐라고? 내 아내의 명예를 더럽힐 셈인가!"라고 소리치며 칼이 든 지팡이를 쳐들고 서비어에게 달려들었다. 서비어도 즉시 세이버를 빼들었지만 주변의 남자들이 둘 사이에 끼어들어 싸움을 말렸다. 그러나 잭슨은 이 도발을 용서할 수 없다며 결투로 결판을 내야 한다고 주장했다.

테네시주는 결투를 금지했으므로 잭슨은 수행원 및 의사와 함께 말을 타고 가까운 원주민 거주지로 갔다. 5일이 지나도 나타나지 않던 서비어는 잭슨이 집으로 돌아가려 하는 순간 무장한 남자들을 이끌고 나타났다. 무리 중에는 서비어의 아들도 끼어 있었다.

두 사람은 말에서 뛰어내려 양손에 권총을 들고 20보 거리에 마주 섰다. 하지만 당장 방아쇠를 당기지는 않고 온갖 욕설로 서로를 비난했다. 그러다 각자 말에 실린 가죽 주머니에 총을 집어넣더니 지팡이 칼과 세이버를 들고 대치하기 시작했다.

그런데 도중에 겁먹은 서비어의 말이 권총을 달고 도망쳐 버렸다. 그걸 본 잭슨은 자기 말의 가죽 주머니에서 권총을 꺼냈고, 서비어는 나무 뒤에 숨으며 "무기도 없는 상대에게 발포할 셈이냐!"라고 외쳤다. 이때 서비어의 아들이 잭슨에게 총을 겨누었고 잭슨의 수행원은 서비어의 아들에게 총을 겨누었다. 이렇게 긴장된 순간이 이어졌지만 결국 이 결투에서는 기적적으로 아무도 죽거나 다치지 않았다. 잭슨과 서비어가 결투를 중단하는 데 합의한 것이다.

이 결투는 코미디처럼 끝났지만, 잭슨은 머잖아 테네시주 최고의 명사수인 찰스 디킨슨과도 결투를 치르게 된다. 이번에도 역시나 아내 레이첼 때문이었다. 디킨슨이 술자리에서 레이첼을 자주 언급하며 비방한다는 소문을 들은 잭슨이 해명을 요구하자 디킨슨은 "술에 취해서 그랬습니다. 죄송합니다."라고 정식으로 사과했다. 테네시의 주도 내슈빌에서는 이런 사과와 해명의 법적 효력을 인정했으므로, 잭슨은 크게 분개하면서도 사과를 받아들일 수밖에 없었다. 이렇게 결투의 위협은 잠시 사라진 것처럼 보였다.

그러던 어느 날, 경마장에서 잭슨의 말이 상대 말의 부상으로 부전승을 거둔 덕분에 잭슨은 몰수금을 받을 권리가 생겼다. 하지만 이때 몰수금을 받는 방식에서 상대방과 마찰이 있었다. 게다가 몰수금은 제때 지불되지 않았고, 잭슨은 상대방을 비난했다. 문제는 그 상대방이 디킨슨의 장인^{丈人}이었다. 디킨슨은 잭슨을 격렬히 비난했으며, 그 비난을 신문에 투고하기까지 했다. 이 사실을 알게 된 잭슨은 즉시 결투를 신청했고 디킨슨도 결투에 동의했다. 오래 기다린 순간이었다.

결투는 1806년 5월 30일 동틀 무렵에 켄터키 레드리버 부근의 숲속 공터에서 시작되었다. 늘씬한 몸에 우아한 푸른색 제복 재킷을 걸친 잭슨이 수행원인 오버턴과 함께 나타났다. 오버턴은 사전에 결투 규칙을 다시 한번 확인시킨 뒤 결투 의례를 진행했다. "두 분, 준비되셨습니까?"라는 질문에 둘 다 "됐습니다."라고 대답하자 오버턴이 "발사!"를 외쳤다. 먼저 쏜 사람은 인정사정없는 총잡이로 사람들의 두려움을 샀던 디킨슨이었다. 잭슨은 움직이지 않고 그대로 서 있었다. 다음은 잭슨의 차례였다. 이번에는 명중이었다. 디킨슨이 비틀거리며 쓰러졌다. 그는 결국 이 결투로 목숨을 잃었다.

말을 타고 집에 돌아간 잭슨도 총상이 깊어서 출혈이 멈추지 않았다. 그래도 기적처럼 목숨을 건진 이유는 마른 몸을 숨기기 위해 재킷을 항상 넉넉히 지어 입은 덕분이었다. 디킨슨이 심장을 정확히 겨냥했음에도 재킷이 펄럭거려 총알이 어긋나 갈비뼈와 복장뼈를 맞혔다. 그러나 그때 박힌 총알을 꺼내

THE DUEL.

| 잭슨과 디킨슨의 결투.

지 못하여 잭슨은 평생 후유증에 시달렸다.

스가노 미치나리

제2장

유럽의
결투 금지령

1
예수님도 막지 못한 결투

결투를 금지한 가톨릭교회

기독교가 전성기를 구가한 중세 유럽 사회는 정신을 중시하고 육체를 경시했다. 사람들은 종교적 수행법 중에서도 단식, 고행, 탁발, 성지 순례처럼 육체를 괴롭히는 방식을 높이 평가했고, 그런 행위를 통해서만 인간이 신에게 다가갈 수 있다고 믿었다. 또 소위 '청빈 사상'이 12세기 무렵까지 칭송받았으므로 검소한 생활을 지향하는 사람이 많았다. 그리고 육체를 희생하는 행위는 신이라는 절대적 존재를 위할 때만 가치 있다고 여겨졌다. 반면 명예나 허영, 분노 때문에 생명과 인간 존재를 소홀히 하는 행위는 허용되지 않았다.

기독교에서는 내면에 솟아나는 이기심을 억누르고 타인과

의 관계를 화목하게 유지하는 것이야말로 종교적 수행이자 온전한 인간으로 가는 길이며, 신의 뜻을 따르는 일이었다. 사랑의 종교인 기독교는 이웃 사랑의 정신으로 사람들을 구제하려고 애썼다. 반면 결투는 그 반대였다. 명예심이나 분노라는 자신만의 정신적 충동을 자신과 타인의 육체를 희생하여 해소하려 했기 때문이다. 그런 의미에서 기독교와 결투는 애초에 공존할 수 없었다.

그러나 현실은 그리 단순하지 않았다. 신을 절대시한 로마의 가톨릭교조차 전능한 신에게 선악의 판단을 맡기는 신명재판과 결투 재판의 정당성을 인정하고 있었다. 하지만 시간이 지나 결투의 잔혹함을 더는 용인하지 못해 결투 근절에 나섰고, 결투를 비기독교적인 행위로 단죄하기 시작했다. 상황이 이렇다 보니 결투를 규정하는 교회의 정책은 몇 세기에 걸쳐 이쪽저쪽으로 오갔다.

기독교에서 최초로 결투 및 결투 재판을 공식적으로 비난한 인물은 로마 교황 레오 4세다. 그는 855년에 프랑스 발랑스에서 열린 가톨릭 공의회에서 결투에 참여한 자를 교회에서 파문하겠다고 공언하고 결투 근절을 결의했다. 그러나 967년 이탈리아 라벤나 공의회는 발랑스 결의를 철회했고, 위증을 방지하기 위한 수단으로 결투 재판을 다시금 인정했다.

게다가 십자군 원정이 기독교의 결투 정책을 더 복잡하게 만들었다. 교회가 이교도와의 성전을 장려한 덕분에 전쟁도 신의 뜻이라는 사고방식이 확대되었기 때문이다. 그러나 십자군 원정이 결국 실패로 끝나자 성전의 열기도 점차 식어갔다. 그러자 기독교의 결투관도 반결투론 쪽으로 기울었고 결투를 비판하는 목소리가 높아졌다.

스가노 미치나리

야만적인 결투

오른쪽 그림은 남독일의 쾨니히세그 가문을 섬기던 결투 청부인 한스 탈호퍼의 작품으로, 15세기 귀족의 결투를 잘 묘사하고 있다. 쾨니히세그 가문의 루이톨트 3세가 청부인을 통하지 않고 직접 출전했던 결투라서 탈호퍼가 자신의 주인을 칭송할 목적으로 그려 둔 듯하다.

그림의 왼쪽 위에는 결투 직후에 패자의 잘린 목에서 피가 흐르는 모습이 그려져 있다. 그림의 오른쪽 위에는 수행원이 패자의 투구를 벗기는 중이고, 그림의 왼쪽 아래 인물은 이미 숨이 끊어져 관에 들어간 상태다. 그리고 그림의 오른쪽 아래 등장한 사람은, 쾨니히세그 가문의 문장이 표시된 것으로 보아 승자인 루이폴트 3세일 것이다. 그는 전날 밤에 교회에 봉납한 청원문의 청원을 신이 이뤄 준 것에 감사 기도를 올리고 있다. 그러나 탈호퍼의 의도와는 관계없이, 이런 처참한 광경 때문에 결투를 야만 행위로 보는 사회 풍조가 점점 강해졌다.

| 쾨니히세그의 결투.

그 결과 1473년에 스페인 톨레도에서 열린 가톨릭 공의회는 발랑스에서의 결투 금지 의결을 재확인했다. 그리고 마침내 트리엔트 공의회에서 결투는 논핵당하여 완전히 금지되었다. 그때 확정된 결의안을 요약하면 다음과 같다.

이 혐오스러운 결투 관습은 악마의 유혹에서 나온 것이다. 육체의 잔인한 죽음을 통해 영혼까지 파멸시킨다. 이것은 기독교 세계에서 완전히 근절되어야 한다. …… 결투 당사자와 수행원은 교회에서 파문될 것이며 재산과 공민권을 박탈하는 엄벌에 처할 것이다. 또 결투로 목숨을 잃은 자는 교회에 매장할 수 없다. 구경꾼까지 포함하여 결투에 관여한 모든 자를 교회에서 파문하고 추방할 것이다.

이후로는 결투 당사자뿐만 아니라, 영지 내의 결투를 조력한 군주나 영주도 교회에서 파문당했다. 트리엔트 공의회의 결의가 이전에 비해 이렇게까지 엄격하고 단호해진 이유는 무엇일까? 르네상스가 전성기에 이르러 이탈리아 사람들의 종교관이 크게 달라져 가톨릭교회가 위기감을 느꼈기 때문일 것이다.

14세기 무렵 시작된 르네상스 운동은 고대 그리스, 로마 시대의 생생한 육체미와 균형미를 찬미했다. 그래서 그때까지 정

| 트리엔트 공의회.

신주의에 억압당했던 육체의 복권을 주장하는 목소리가 높아졌다. 사람들은 이전의 타율적인 삶을 벗어나 종교 계율의 속박을 받지 않는 삶, 자

신의 의지와 생각에 따라 행동하는 자율적인 삶을 누리려 했다. 그 결과 기독교 전성기인 12세기부터 13세기까지 구축된 교회의 권위가 흔들리기 시작했고, 그 변화가 이탈리아뿐만 아니라 유럽 전역의 결투관에 골고루 영향을 미쳤다. 결투를 반대하는 공의회의 결정에는 그런 위기감이 고스란히 반영되어 있다.

스가노 미치나리, 하마모토 다카시

유명무실한 결투 금지령

15세기에서 16세기 사이 이탈리아에서 처음으로 종교적 신명 재판과 기사의 기마 시합을 대신할 '근대적 결투'가 탄생했다. 결투가 재평가되면서 사람들은 다시 힘을 과시하고 강자의 윤리를 신봉하기 시작했다. 그런데 이 '근대적 결투'를 더 부추긴 것이 있었으니, 바로 손쓸 길 없는 허무주의였다.

이곳저곳에서 아무 규칙도 질서도 없는 결투가 벌어졌다. 트리엔트 공의회의 결투 금지 규정이 유례없이 엄격했던 것도 이런 상황과 무관하지 않았을 것이다. 그러나 공의회의 결정을 실제로 해석하고 적용하는 일은 각지의 대주교 등 고위직 성직자의 몫이었다.

앞서 말했다시피, 1495년의 보름스 의회에서 제정된 영구 란트 평화령에 따라 사적 결투인 페데는 제국 전역에서 완전히 금지된 상태였다. 그러나 유력한 제후나 개인에게 그 법은 종잇조각에 불과했다. 실제로 중세에 일어난 사적 결투는 그 수가 어마어마했다.

855년에 가톨릭 공의회가 결의한 결투 금지령을 1473년의 공의회가 다시 확인했고 1486년에는 카스티야, 즉 스페인마저 결투를 금지하는 법률을 공포했지만, 사람들은 유럽 곳곳에서 자신의 명예를 지키겠다며 결투 장소로 달려 나갔다. 그래서 16세기 중반, 트리엔트 공의회에서 정한 엄격한 금지령도 결과적으로는 아무 효과를 거두지 못했다.

귀족들은 교회에서 애컬레이드Accolade를 받고 기사가 되었다. 애컬레이드란 기사 작위를 수여하는 중세 의식으로, 기사 후보가 무릎을 꿇으면 주군이 그의 어깨를 검으로 가볍게 치는 동작이 포함되어 있었다. 기사가 될 사람은 그 순간에 예수 그리스도와 신앙과 조국을 위한 싸움에 마지막 피 한 방울까지 남김없이 바칠 것과, 위험을 피하지 않고 미혼 여성, 과부, 고아를 위해 정의를 지킬 것과, 어떤 사람이든 악의를 품고 공격하지 않을 것을 신과 성 미카엘, 성 게오르기우스의 이름으로 맹세했다.

주군은 기사 후보의 어깨를 칼로 치기 전에 "그대가 지금 받을 일격은 그대가 보복하지 않고 견딜 최후의 굴욕이 될 것이다."라고 선언했다. 이 선언에는 기사가 취해야 할 바람직한 결투 자세가 암시되어 있

| 14세기 중순, 프랑스 왕 장 2세의 기사 작위 수여식.

다. 실제로 당시 기사들 사이에서는 말 위에서 투구를 쓰고 서로 싸우는 기마 시합이 크게 유행했다. 기사들은 명예와 명성을 쟁취하기 위해 기마 시합을 했다. 기독교가 내린 결투 금지령은 이와 같이 유명무실했고, 결투는 사라지지 않았다.

명예를 지키기 위한 결투는 한동안 로망어군[8] 국가에서만 성행했다. 이탈리아, 프랑스, 스페인이 그 중심지였다. 그러나 1519년, 스페인과 네덜란드를 지배한 합스부르크가의 카를 5

---

8 로마 제국의 일반 군인, 개척자, 노예 등이 쓰던 라틴어의 변종 언어, 즉 통속 라틴어에서 비롯된 언어의 통칭. 프랑스어, 이탈리아어, 스페인어, 포르투갈어, 루마니아어 등이 있다.

세가 신성 로마 황제 겸 독일 왕으로 즉위한 후로 스페인의 결투 관습이 북방 독일의 영방 국가[9]까지 전파되기 시작했다.

스가노 미치나리

---

9 13세기에 독일 황제의 권력이 약해진 후 봉건 제후들이 세운 지방 국가. 1871년에 독일 제국이 출현할 때까지 존속했다.

2

결투는 왕을 모독하는 것이다

유럽 왕들의 결투 금지령

중세 이래 결투가 너무 만연했으므로 기독교 세력뿐만 아니라 귀족과 입법자들도 심각성을 인지하고 결투 근절에 나섰다. 통치자의 관점에서 살육이 자행되는 결투란 통치의 불완전성을 보여 주는 증거였기 때문이다. 역사를 거슬러 올라가면 이미 643년에 랑고바르드 왕국의 로타리 왕이 로타리 칙령을 편찬하여 결투를 억제하려 했다. 이후 프랑크의 왕 다고베르트 1세와 '유럽의 아버지'로 불리는 카를 대제가 결투 재판을 엄격히 규제했다.

16세기 이후에는 둔중한 검 대신 펜싱용 검처럼 폭이 좁은 데겐 또는 단검이 무기로 쓰였다. 결투 재판은 사라졌고 명예 분쟁에서 비롯된 사적 결투가 급속히 확대되었다. 왕과 제후들이 장교들 사이에 특히 깊게 뿌리내린 이 악습에 제동을 걸기 위해 다양한 조치를 마련했으나 아무런 효과를 보지 못했다. 왕과 제후 자신들부터 기사와 군대라는 무장 집단을 신하로 거느림으로써 오히려 폭력적인 결투를 존속시키는 데 공헌했을 뿐이다.

루이 13세 때 프랑스 왕국의 총리를 역임한 리슐리외 추기경도 중세의 결투 관습을 유지하는 귀족들에게 엄격한 결투 금지령을 내렸는데, 이때 특히 거센 저항이 뒤따랐다. 그 엄격한 결투 금지령이 열기를 가라앉히기는커녕 오히려 부채질하여 결투를 늘렸다. 이것을 보면 결투를 법으로 억누르려 하면 반드시 실패할 정도로 당시 상황이 만만치 않았음을 짐작할 수 있다.

결국 샤를 9세, 앙리 3세, 앙리 4세가 통치하던 16세기 후반의 프랑스에서는 결투가 계속 폭증했다. 특히 앙리 4세 치하인 약 20년간 대략 1만 건의 결투가 발생했다고 한다. 1643년에 루이 14세가 왕위에 오르기 직전까지 결투로 목숨을 잃은 귀족 남자 수가 적게 어림잡아도 한 해당 500명에 달했을 정도다. 태양왕 루이 14세는 이런 상황을 타개하기 위해 결투를 금지하는 칙령을 내리고 결투를 단속했다. 그 덕분인지 루이 14

세 때는 귀족들의 결투가 감소했다. 강력한 절대 왕정이 지배력을 발휘한 것이다.

17세기 초, 스웨덴의 왕 구스타브 2세도 장교들의 결투를 막으려 노력했다. 그는 독특한 방법을 고안하여 이런 일화를 만들어 냈다. 어느 날 스웨덴의 장교 두 명이 결투를 약속하고 결투 장소

| 태양왕 루이 14세.

로 갔더니 자국의 왕과 교수대, 교수형 집행인이 먼저 와서 자신들을 기다리고 있었다. 구스타브 왕은 깜짝 놀란 그들에게 말했다. "제군, 지금부터 결투를 개시해도 좋다. 참고로 덧붙이건대, 결투가 끝나자마자 승자까지 모두 교수형에 처할 것이다." 물론 두 사람은 즉시 화해했다.

상황이 워낙 심각하여 이런 '극약'을 쓰지 않고서는 결투의 열기를 도저히 억누를 수 없었다.

러시아의 결투 금지령

러시아인은 기후 조건 때문에 성격이 남유럽처럼 정열적이

지 않고 냉정하다는 통설이 있다. 그래서인지 유럽에서만큼 결투가 성행하지 않았다. 러시아에도 유럽 궁정의 결투 문화가 전파되어 대리 결투가 벌어졌다는 기록이 있지만, 중세의 기사도나 기사들의 결투는 어디까지나 외래문화였을 뿐, 근대 이전의 러시아에는 결투의 역사라 할 만한 것이 거의 없었다. 그렇게 결투가 별로 없었던 데에는 차르의 결투 금지령도 큰 영향을 미쳤을 것이다.

17세기 러시아의 표트르 대제는 서구화를 추진하면서도 서유럽에서 유행하는 결투는 금지했다. 결투는 군대의 힘을 약화하는 야만적 행위라는 것이 그 이유였다. 그래서 결투를 신청한 자, 그것에 응한 자뿐만 아니라 결투장에 같이 있으면서 결투를 저지하려고 최선을 다하지 않은 자까지 전부 교수형에 처하겠다고 선언했다.

하지만 그가 결투를 반대한 이유는 인명을 아껴서가 아니라, 절대 군주로서 법체계를 중시했기 때문이다. 게다가 결투는 절대 주권을 모독하는 행위였다. 따라서 절대 왕정을 확립하기 위해 위협이라도 해서 신하들의 결투를 막을 필요가 있었다. 신하들은 왕의 명령을 거스르면서까지 결투하지는 않았다. 그러나 왕권이 흔들릴 때나 왕이 결투를 저지른 신하에게 온정을 베풀 때마다 결투의 열기는 되살아났다.

결투로 사망한 국민 시인 푸시킨

러시아의 결투 역사에서 가장 유명한 사건은 국민 시인 푸시킨이 결투로 죽은 사건이다. 부유하지 않은 귀족 출신인 그는 급진적인 작가로 명성을 크게 얻었고, 노예제 개혁을 주장하며 정치 활동을 시작했다. 니콜라이 1세 치하의 왕정에는 이런 급진적 개혁 운동에 강하게 반발하는 사람이 많았지만, 다행히 궁에는 계속 출입할 수 있었다.

| 푸시킨.

그리고 푸시킨은 청년 시절부터 결투를 좋아했다. 결투를 소재로 《대위의 딸》이라는 소설을 썼고, 실제로 결투 신청을 주거니 받거니 하며 4번 이상 결투를 했다. 심지어 자신의 냉정한 결투 솜씨와 행운을 자랑하기도 했다.

그러던 어느 날, 푸시킨의 정치 활동을 못마땅하게 생각한 러시아 귀족들이 한 책략을 생

| 나탈리야.

각해 냈다. 푸시킨의 아내 나탈리야가 상당한 미인이었는데, 러시아 궁정에 출입하는 프랑스인 장교 단테스를 보내 그녀를 유혹하게 하자는 것이었다. 그러면 푸시킨이 단테스에게 결투를 신청할 거라고 생각한 것이다. 푸시킨은 보기 좋게 책략에 걸려들었다. 그래서 1837년 1월 27일에 페테르부르크 교외에서 결투를 치렀고, 결국 단테스의 총에 맞았다. 그리고 2일 후, 37세의 나이로 죽고 말았다. 이미 결투 금지령이 내려진 것을 알고 있었던 푸시킨은 숨을 거두기 전에 지인을 통해 니콜라이 1세에게 온정을 호소했다. 다행히 황제가 그 부탁을 들어주어 푸시킨의 아내와 4명의 자녀에게는 연금이 지급되었다.

스가노 미치나리

3
결투를 금지한 계몽 군주들

프리드리히 2세의 결투관

18세기에 등장한 계몽 군주들은 전제 군주와는 결투관이 달랐다. 결투를 엄격히 처벌했다는 점은 전제 군주와 똑같았다. 하지만 그들은 이성에 따라 신하의 인명을 존중했기 때문에 금지했다. 그들은 무력보다 이성을 존중했으므로 결투를 야만적 행위로 보고 근절하려 했다. 그러면 계몽 군주가 결투에 어떻게 대처했는지 구체적으로 살펴보자.

18세기 독일과 오스트리아에서도 이전의 전제 정치를 계승한 왕과 제후들이 귀족들의 결투를 억제하려 했다. 자신들의 권력을 법으로 지키기 위해서였다. 프로이센의 브란덴부르크

선제후選帝侯[10]였던 프리드리히 빌헬름 1세는 일찍이 17세기에 결투를 벌인 자에게 극형을 내리라고 명령했다. 18세기의 왕과 제후들도 마찬가지로, 식을 줄 모르는 결투의 열기를 위협적인 정책으로 억제하려 했다.

| 프리드리히 2세.

프로이센의 프리드리히 2세는 프랑스 계몽주의의 대표 지식인인 볼테르와 가까이 지낸 계몽군주로 유명하다. 그도 야만적인 결투를 일관되게 부정했다. 그래서 "나는 용감한 장교를 총애하지만 사형 집행인은 우리 군대에 필요 없다."라며 결투에서 상대를 죽인 장교를 즉시 파면하기도 했다. 상관의 결투 신청을 받은 장교의 권리를 다루는 훈령에서도 그런 생각을 엿볼 수 있다.

친애하는 잘데른 소장에게

군대의 복종 관계를 유지하기 위해 군인 복무규정을 다음과 같이 보강함을 통지한다. 어떤 장교가 그의 상관이나 참모 장교

---

10 신성 로마 제국 황제 선거권을 가지고 있었던 제후. 선거후라고도 한다.

에게 매도당하거나 칼로 위협당하더라도, 직무 수행 중이라면 그는 가만히 있어야 한다.

어떤 장교가 상관이나 참모 장교에게 이런저런 이유로 잘못을 지적당하거나 심하게 질책당한 후에 명예를 회복하고 싶다는 이유로 뻔뻔스럽게 그 상관이나 참모 장교에게 결투를 신청했을 때 그 장교는 8년의 성새城塞 금고형에 처한다. 나아가 실제로 칼을 뽑아 결투를 실행에 옮긴 자는 종신 성새 금고형에 처한다. 더 나아가 결투를 해서 상관 혹은 참모 장교를 다치게 했다면 그 장교를 면직 처분하고, 심지어 그 결투가 직무 수행 중에 이루어졌다면 참수형에 처한다. 이 엄명을 소장 휘하의 장교들에게 통지하고 주의를 환기하기를 바란다.

프리드리히 2세. 1744년 5월 1일. 포츠담에서.

이처럼 프리드리히 2세는 장교의 명예가 중요하다는 점을 인정했지만, 명예 회복을 위한 결투는 인정하지 않았다.

요제프 2세의 결투 금지령

프리드리히 2세에 이어 오스트리아의 여제 마리아 테레지아도 결투 금지령을 두 번이나 내렸다. 1755년에 결투에 가담한 자를 사형에 처한다는 '중범죄 형사 재판법'을 공표하고

| 요제프 2세.

1768년에 또다시 결투 금지령을 내린 것이다. 마리아 테레지아의 장남이자 마리 앙투아네트의 오빠, 그리고 계몽 군주로 알려진 신성 로마 제국 황제 요제프 2세도 결투를 싫어했다. 결투죄로 구속되어 법정에 선 두 장교에게 "설사 내 나라 장교의 절반을 희생하는 한이 있어도 야만적 결투를 반드시 근절할 것이다."라고 말할 정도였다.

요제프 2세가 결투를 가차 없이 비난한 이유는 황제의 권위를 강화하기 위해서가 아니라 인도주의적 이념 때문이었다. 그가 한 장군에게 보낸 편지에 그의 흥미로운 생각이 잘 드러나 있다.

친애하는 장군!

K 백작과 W 대위 두 사람을 즉시 구속하라. K 백작은 젊은 혈기에 휩쓸린 나머지 자신의 본성과 잘못된 명예심 앞에 무릎 꿇고 말았다. 또 W 대위는 병졸 출신의 용사라는 이유로 온갖 문제를 칼과 권총으로 해결하려 하는 탓에 젊은 K 백작의 결투

신청을 받아들였다. 나는 우리 군대 내의 결투를 절대 인정하지 않는다. 결투를 정당화하고 결투를 끝까지 관철하려는 두 사람의 사고방식을 경멸한다.

내 장교단이 적군의 위협에 용감하게 맞서고 공격과 방어 등 어떤 상황에서도 용기와 대담함, 강한 의지를 발휘한다면 나는 그들을 높이 평가할 것이다. 죽음도 두려워하지 않는 태도는 조국의 안전과 자신의 명예에 도움이 되기 때문이다.

그러나 복수와 증오 때문에 목숨을 희생하려 하는 장교는 경멸한다. 그런 장교는 로마의 노예 검투사와 다를 것이 없다.

어쨌든 앞서 말한 두 장교의 처분을 다루는 군법 회의를 소집하고 이 사건을 공평하게 심리하여 책임이 더 무거운 자를 법의 제물로 삼아야 한다. ……

요제프 2세. 1771년 8월. 빈에서.

이로써 요제프 2세도 결투가 아니라 법에 근거한 재판으로 분쟁을 해결해야 한다는 근대 사고방식을 갖고 있었음을 알 수 있다. 다만, 실제로는 결투를 저지른 자에게 자주 온정을 베풀고 감형과 사면을 아끼지 않았다.

스가노 미치나리

4 / 나폴레옹의 사전에 유일한 불가능

두 얼굴의 나폴레옹

위대한 영웅 나폴레옹도 "결투는 원래 국가의 소유물인 개인의 목숨을 하찮은 개인 사정에 희생한다는 점에서 그릇된 명예심을 따르는 행위다."라고 공언했다. 코르시카섬 출신의 나폴레옹은 프랑스 혁명군에서 뛰어난 능력을 발휘하여 두각을 드러냈다. 공화주의자로서 혁명군에 가담했으므로 전근대 귀족들의 관례인 결투를 당연히 비판했다. 합리주의에 따라 새 시대를 열겠다는 것이 그의 정치관이었다. 하지만 그것은 그의 일면에 불과했다.

나폴레옹은 눈부신 공을 세워 권력을 장악하고 황제가 되었으며, 결국은 전 유럽에 군림했다. 나폴레옹을 생각하며 명곡 〈영웅〉을 작곡했던 베토벤이 나폴레옹의 황제 즉위 소식을 듣자마자 그 악보의 표지를 찢어 버렸다는 이야기가 있다. 나폴레옹을 공화주의자로 믿고 진심으로 곡을 만들었는데 알고 보니 황제의 자리를 원하는 귀족주의자였음을 깨닫고 분노했다는 것이다. 한편 나폴레옹은 자신의 혈통이 황제의 자리에 부적합한 것을 알고 귀족 여성과 결혼하여 그 약점을 해소하려 했다. 그래서 합스부르크가의 황녀 마리 루이즈와 재혼함으로써 자신이 그려왔던 황제의 권위를 완성했다. 영웅을 지향한 나폴레옹이 혈통을 그렇게 중시한 것이다.

나폴레옹 시대의 결투 문화

프랑스 혁명 후 나폴레옹의 시대가 열렸지만, 귀족 간의 결투는 장교들 사이에서 이어졌다. 나폴레옹도 장교들이 결투를 좋아하는 것을 알고 있었다. 자신의 휘하 장성인 주노와 클레베르, 오주로뿐만 아니라 영관들도 마찬가지였다. 그중 뒤퓌 대령은 마차를 함께 타고 가던 19세의 장교와 결투를 벌여 그를 단도로 찔러 죽이기도 했다.

당시의 풍조가 보르도 백작 라릴리에르의 일화에 잘 드러나 있다. 라릴리에르는 결투를 좋아하여 아무에게나 싸움을 걸기로 악명이 높았다. 어느 날 그는 길에서 한 젊은 부부를 가로

막고는 "단언하건대, 지금부터 당신 부인에게 키스하고 당신의 뺨을 때리겠소."라고 말하더니 그 말을 즉시 행동으로 옮겼다. 두 남자는 다음 날 아침 결투장에서 만났고 결투 끝에 죄 없는 젊은 남편이 죽고 말았다.

상황이 이렇다 보니 합리주의를 따랐다고 알려진 1804년의 《나폴레옹 법전Code Napoléon》조차 결투 문제를 전혀 언급하지 않았다. 나폴레옹이 결투를 엄격히 금지하면 장군과 장교들이 반란을 일으킬지 모른다며 두려워했기 때문이다. 당시 결투에 열을 올리는 군인이 너무 많아서 현실을 묵인할 수밖에 없었던 것이다. 나폴레옹은 결투를 반대하는 이념과 그것을 받아들여야 하는 현실 사이에서 끊임없이 흔들렸다. 스스로도 애증이 엇갈리는 눈으로 결투를 보고 있었으므로 결투 근절이란 그에게 사실상 불가능한 일이었다.

스가노 미치나리

5 / 결투 대신 법대로 합시다

근대 계몽 사상과 합리주의의 대두

유럽에서는 앞서 말한 것처럼 기독교와 계몽주의 군주들이 반결투론을 제기했다. 반결투론이란 결투의 야만성, 비인간성을 반대하는 사상인데, 그 근간에는 결투를 허용하지 않는 기독교 윤리와 근대 이성에 기초한 계몽 정신이 있었다. 그러나 기독교와 계몽주의를 추구한 절대 군주조차도 전통적인 결투를 완전히 배제할 수는 없었다.

물론 통치자는 결투를 분명히 반대했다. 절대 군주이자 계몽 군주인 지배자는 자신의 치세 하에서 일어나는 결투를 바람직하지 않게 여겨 근절하려 했다. 그러나 다수의 신하가 결투를 용인하는 상황에서 결투를 철저히 배제하기는 어려웠다. 군대의 사기를 생각하면 그 중추를 맡은 간부를 결투의 처분으로 희생시킬 수가 없었다. 신하들이 끊임없이 결투에 참여했으므로 프랑스와 독일의 군주는 줄곧 어정쩡한 결정밖에 내리지 못했다.

그러나 17세기 후반에서 18세기 사이에, 기독교 및 계몽 군주의 하향식 반결투론을 도와 결투에 대항할 사상이 새로 대두했다. 바로 근대 합리주의에 입각한 이성 중시론이다. 볼테르나 몽테스키외, 루소 등 지식인이 이전 시대의 불합리성을 비판하고 이 계몽주의적 사상으로 사람들의 관심을 끌었다.

사실 두 번이나 결투 소동을 일으켜 바스티유 감옥에 투옥된 볼테르는 반결투론자라고 말할 수 없다. 그러나 부친이 결투를 벌이고 도망친 탓에 고아처럼 살았던 루소는 결투에 매우 부정적이었다. 과도기 계몽주의자들의 결투관에는 이처럼 온도 차가 있었지만, 분쟁이나 대립은 정해진 법을 통해 이성적으로 해소해야 한다는 데에는 이견이 없었다. 계몽주의자들은 절대 군주의 권력이 아닌 재판 제도로 분쟁을 해결함으로써 결투를 방지하려 했다. 그 대표가 몽테스키외였다.

몽테스키외의 삼권 분립과 반결투론

계몽주의자인 몽테스키외는 1748년 저술한 《법의 정신》

에서, 권력 집중을 막기 위해 입법, 행정, 사법의 권한을 '입법권', '집행권', '재판권'으로 나누어야 한다는 '삼권 분립'을 주장했다. 그 영향으로 절대 군주에게 집중된 권력을 분산해야 한다는 목소리가 높아졌다. 이런 분위기가 결투에도 영향을 미

| 몽테스키외.

쳐, 결투 재판은 점차 사법 재판으로 대체되었다.

몽테스키외는《법의 정신》에서 결투 재판을 부정하고 결투 폐지를 주장했다. 약간 난해하지만 잘 읽어 보자.

　　…… 할 때 싸움이 시작되었으며, 혈족 한 명이 결투 신청에 쓰인 장갑을 받지 않았을 때는 싸움할 권리가 사라졌다. 당사자가 재판의 통상적인 절차를 따르기를 희망한다고 여겨졌기 때문이다. 그런데도 당사자가 싸움을 속행하려 한다면 손해 배상 판결을 받게 될 것이다.

　　이처럼 재판상 결투라는 절차는 일반적인 싸움을 개별적인 싸움으로 바꾸어 재판소에 힘을 되돌려주고 그때까지 만민법의 지배만 받았던 사람들을 공민 상태로 되돌리는 역할을 했다.

여기 언급된 '싸움'이란, 분쟁을 해소하기 위한 결투 재판을 말한다. 앞에서 말했듯이 결투 전에 상대가 던진 장갑을 줍지 않는 것은 결투를 하지 않겠다는 신호였고, 그러면 결투가 아닌 재판으로 문제를 해결했다. 그 재판은 전 유럽의 만민법, 즉 당시의 교회법이 아닌 국내법을 기준으로 삼았으므로 국민을 '공민 상태로 되돌리는' 역할을 한다. 입헌군주제 국가의 국민이 드디어 자기 나라의 법에 따라 판결을 받게 되는 것이다. 몽테스키외는 이 책을 통해 결투가 아닌 법과 재판으로 개별 분쟁을 해결할 방법을 제시했다.

그러나 이것은 이론에 불과했다. 유럽 사회의 실제 결투는 거의 특정 엘리트 집단에서 이루어졌고 계몽주의 역시 사회 전반에 골고루 보급되지 못했다. 여기서 말하는 엘리트 집단이란 대략 귀족 계층이다. 명예는 그들에게 목숨과 같았으므로 대의명분만 있으면 극히 사소한 이유로도 결투를 신청했다. 계몽주의는 자부심 강한 귀족에게는 전혀 중요하지 않았다.

당시 귀족은 특권 계급의 근원이 명예에 있다고 자부했기 때문에 법을 무시하고 결투에 집착했다. 그들은 재판 제도를 그저 평민을 통치하는 수단으로 여겼다. 그러나 프랑스 혁명 이후 귀족주의는 타도 대상이 되었고 귀족은 죄인이 되어 단두대 앞에 섰다. 한편 귀족을 대신하여 경제 실권을 쥔 신흥 부르주아 계급은 결투에 거의 관심이 없었다. 그래서 몽테스키외의 말처럼 결투가 재판 제도로 완전히 대체되었을까?

의회주의가 발달한 영국에서는 철학자 로크가 일찍부터 권력 분산을 주장했다. 영국에서는 19세기 중반부터 야만적인 결투가 격감하고 신사도가 널리 퍼졌으므로 스포츠 문화도 일찍 개화했다. 그러나 섬나라 영국과는 다르게 대륙의 프랑스나 독일에서는 19세기까지도 결투가 사라지지 않았다. 유럽 대륙에서 기사와 귀족의 뒤를 이어 근대의 엘리트가 된 군대 장교들이 명예 결투의 관습을 이어갔기 때문이다. 프랑스군도 마찬가지였지만 특히 프로이센을 비롯한 독일 장교들이 결투에 열을 올렸다. 결투가 근대 독일에서 끝까지 살아남은 이유는 무엇일까?

하마모토 다카시

제3장

결투에 빠진
독일 학생과 장교

1
결투하느라 바쁜 학생들

학생 단체 '코어'와 '부르센샤프트'

거듭 말하지만, 교회와 계몽 군주, 계몽주의자들이 그렇게 애를 썼는데도 유럽의 엘리트는 여전히 결투에 열중했다. 19세기 이후 그 주체가 귀족에서 학생들, 장교들로 바뀌었을 뿐이다. 그렇다면 독일 학생과 장교의 결투는 어떤 역사를 거쳤는지 여기서 살펴보자.

16세기, 소국으로 분열된 독일의 대학 내에 같은 지역 출신의 상호 부조가 목적인 향우회 '란츠만샤프트 Landsmannschaft'가 생겨났다. 18세기까지는 '학생 단체'라고 하면 무조건 란츠만샤프트였는데, 이것은 '지역주의 원칙'에 입각하여 출신이 같은 학생만 받아들인 전통적 단체였다.

상징으로 사용된 교차 검 표식

| 베를린 학생 단체의 휘장.
1810년부터 1821년까지.

| 예나 대학 학생 단체의 봉인.
1815년.

그러나 18세기 말, '인류는 모두 형제'라는 세계시민주의 정신을 바탕으로 한 근대 학생 단체, 코어^{Corps}가 탄생했다. 한편 1815년 6월 12일 예나 대학에서는, 1813년부터 1815년까지 이어진 대나폴레옹 해방 전쟁에 지원병으로 참전한 학생들이 모여 '조국 통일과 자유'를 외치는 애국주의 학생 단체 부르셴샤프트^{Burschenschaft}를 결성했다.

이후 독일의 학생 단체는 코어와 부르셴샤프트를 양대 축으로 삼아 발전해 나갔다. 남학생 대부분은 둘 중 하나에 가입하여 진검 결투를 경험했다. 당시 독일 대학에서는 유혈 결투가 거의 매일 일어났다. 모욕당한 학우에게 결투를 신청해서 손상된 명예를 회복하라고 부추기는 것이 17세기부터 18세기까지 대학의 관례였다. 심지어 18세기 말부터는 이런 사고방식이 문서로 만들어졌다. 학생 단체의 규칙 및 회칙에도 결투 규정이 명기되어 있다. 1798년의 〈프랑크푸르트 안 데어 오데르 학생 단체 규약집〉에는 "명확한 모욕을 당하고도 결투를 요구하지 않거나 상대의 결투 신청에 응하지 않는 자는 즉시 명망을 잃는다."라고 적혀 있다.

1803년의 〈에를랑겐 학생 향우회 규약〉에도 이런 구절이 있다. "이 단체에 들어온 모든 자는 교양과 명예를 갖춘 남자로서 근면하고 예의 바르게 행동할 것을 약속해야 한다. 특히 다른 학생이 가한 모욕을 두려움 때문에 방치하는 태도는 절대 용납되지 않으므로 어떻게든 검으로 자신의 명예를 지키는 일에 힘써야 한다."

결투 예절과 규칙

물론 당시 학생들은 결투에서 권총이 아닌 세이버 등의 칼을 썼다. 괴테의 학생 시절인 1760년대에는 검으로 상대를 공격하는 두 가지 방법이 있었다. 하나는 '베기 및 치기'로, 일본 검도의 '면치기'처럼 검으로 큰 호를 그리며 상대의 목표 부분을 치는 방식이다. 이것은 고대 게르만 시대부터 이어진 전통 검술이다.

| 괴팅겐에서 벌어진 데겐을 사용한 1750년대의 결투.

한편 이탈리아와 프랑스에서 유래한 '찌르기'가 있었다. 16세기 이후 이탈리아의 검술 사범들이 베기 및 치기보다 찌르기가 더 빠르고 정확하여 실전에서 효과를 발휘한다는 것을 깨닫고 이 기술을 널리 퍼뜨렸다. 그래서 이 무렵에 찌르기에 적합하도록 '날밑'을 달고 몸통을 가늘게 만든 검인 데겐이 등장하여 18세기 말까지 널리 사용되었다. 괴테의 결투에도 이데겐이 쓰였을 것으로 추정된다.

표1. 학생 결투 형식의 변천

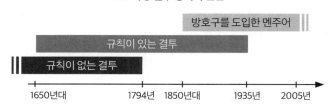

학생 결투의 양상도 앞의 표에서 보듯 시대와 함께 변화했다. 학생 결투란 처음에는 특별한 규칙 없이 검을 들고 오늘날 펜싱처럼 이리저리 움직이며 상대를 쓰러뜨리는 싸움이었다. 그러다 18세기 말부터는 정해진 규칙에 따라 대전이 진행되었고 그것이 20세기까지 이어졌다.

그러나 결투 자체가 너무 위험해서 아무리 규칙을 지켜도 사상자가 속출했다. 그리하여 19세기 후반에 학생 결투의 대변혁이 일어난다. '결투 예절'이라는 특별한 규칙에 따라 방호구를 장착하고 대전하는 형식, 즉 독일 학생들의 고유한 결투 형식인 '멘주어'가 등장한 것이다. 멘주어는 그런 의미에서, 결투가 현대에 와서 스포츠처럼 변한 결과라 할 수 있다.

스가노 미치나리

2
괴테의 흑역사

젊은 괴테

1765년 10월 3일, 16세의 청년 괴테는 법학을 배우기 위해 라이프치히로 갔다. 원래 괴팅겐 대학에서 어학, 문학, 고고학, 동양학, 시학을 전문적으로 배우고 싶었지만, 고급 행정관이 되기를 바라는 부친의 압력에 못 이겨 라이프치히 대학에서 법학을 배우기로 했다.

사실 그가 나중에 독일에서 가장 유명한 시인이 될 거라고는 자신도 몰랐을 것이다. 저명한 괴테 연구가인 알베르트 빌쇼프스키에게 괴테의 라이프치히 시절 이야기를 들어보면 고개가 끄덕여진다.

그는 대학 수업을 대담하게 무시한 채 인생이 넘실대는 환희의 잔을 홀짝거리는 것을 넘어 연거푸 들이켰다. 그리고 겉으로는 법학을 배우는 척하면서 실제로는 예술과 학문을 넘어선 광범위한 영역의 연구에 몰두했다.

어쨌든, 젊은 괴테는 프랑크푸르트에 있는 부친에게 지나칠 정도로 많은 생활비를 받으며, 당시 '작은 파리'로 불린 라이프치히에서 쾌적하고 자유로운 삶을 누렸다. 사실 그는 예나 대학이나 할레 대학이 아닌 라이프치히 대학의 가르침에 진심으로 만족하고 있었다. 그래서 당시 자신이 예나 대학과 할레 대학 학생들의 거친 습성을 보고 느꼈던 혐오감을 《시와 진실》에서 이렇게 회고했다.

예나와 할레의 학생들은 극도로 거칠었다. 그들은 신체를 강건하게 유지하는 것과 검술을 숙달하는 것에만 몰두하며, 난폭하기 이를 데 없는 결투를 매일 벌였다. 이런 풍조는 극도의 상스러움과 부산스러움으로만 유지되고 지속될 수 있다. …… 한편 라이프치히의 학생들은 부유하고 예의 바른 시민과 원만한 관계를 유지하기 위해 아무래도 정중하게 행동할 수밖에 없었다.

그러나 괴테는 술만 마시면 다른 사람이 되었다. 스스로 "나는 짐승 같이 취했다."라고 쓴 것을 보면, 그가 라이프치히 시절에 거칠고 난폭한 학생들과는 일정한 거리를 유지했지만, 음주는 통제하지 못했던 것 같다.

학생 괴테의 결투

괴테가 입학한 라이프치히 대학에는 학부가 없었으므로 학생들은 편의상 출신 지역에 따라 마이센, 작센, 바이에른, 그리고 폴란드 등 네 개의 나치온Nation으로 구분되었다. 하지만 이 무렵에 나치온은 본래 의미를 이미 잃은 상태였다. 그래서 오스트리아인, 로렌인, 브라반트인, 영국인, 포르투갈인 등이 바이에른 나치온에 배속되고 있었다.

그러던 1767년 가을, 괴테는 같은 신학부의 동급생인 구스타프 베르크만과 결투하게 되었다. 베르크만은 당시의 유명한 외과의사 에른스트 폰 베르크만의 손자로, 리보니아 향우회에 소속되어 있었다. 그의 조상이 17세기 중엽에 동프로이센에서 리보니아로 이주했기 때문이다.

결투는 사랑 때문에 일어났다. 당시 17세였던 괴테는 그가 거의 매일 드나들던 라이프치히의 쇤코프 여관에서 일하던 가련한 소녀 케트헨을 만나 첫사랑의 열정을 불태우고 있었

| 괴테의 첫사랑인 안나 카타리나 쇤코프. 케트헨은 애칭이다.

다. 그러나 베르크만도 케트헨을 좋아하여 적극적으로 구애했다. 속만 태우던 괴테는 당시 학생의 관습대로 상대를 도발하여 결투를 치르기로 작정했다. 많은 사람이 모인 극장 앞에서 괴테는 베르크만에게 "여기서 풋내기 냄새가 난다Hier stinkt's nach Füchsen!"라고 외쳤다.

상대가 도발에 응하지 않았다면 결투가 벌어지지 않았겠지만, 베르크만도 당시 학생의 관례대로 괴테의 뺨을 때렸다. 이로써 쌍방이 서로에게 받은 모욕을 씻기 위해 결투를 치르게 되었다.

베르크만은 바이마르에 있을 때, 고등학교에서 학교 소속 사범인 바이슈너에게 훈련을 받아 검술이 뛰어났다. 한편 괴테도 베르크만과의 결투에 대비해 대학의 검술 사범에게 충분한 훈련을 받았다. 괴테가 이후 스트라스부르 시절이나 바이마르 시절에도 검술을 열심히 갈고닦은 것을 보면 그에게 검술이 얼마나 중요했는지 알 수 있다.

그러나 괴테는 앞에서 언급한 《시와 진실》을 포함하여, 자신의 어떤 작품에서도 이 결투를 언급하지 않았다. 라이프치히 대학의 공문서에도 그 기록이 전혀 남아 있지 않다. 괴테를 다루는 구전 자료와 문헌 자료가 어마어마하지만, 이 결투 사건은 지나가듯 가볍게 몇 번 언급되었을 뿐이다. 괴테 전기를 전문적으로 연구한 보일마저 베르크만과의 결투를 '천진한 일회성 결투'라며 사소한 사건으로 소개하고 있다.

그러나 괴테와 베르크만의 결투는 당시 학생들의 결투 관습에 따라 입회인과 세컨드까지 갖추었던 엄연한 진검 승부였다. 괴테는 이 결투로 팔에 부상까지 입었다. 그런데도 이 결투 사건이 거의 알려지지 않은 이유는, 결투 사실을 관련자끼리 평생 비밀로 유지하는 것이 당시 학생들의 결투 예절이자 명예로운 불문율이었기 때문이다.

괴테 실종의 진상

괴테는 19세 생일을 맞은 1768년 8월 28일에 갑자기 라이프치히 대학을 떠나 고향인 프랑크푸르트로 돌아간다. 일반적으로는 결핵 치료를 위한 조치였다고 알려져 있다. 그러나 저명한 괴테 연구자인 게르하르트 뮐러에 따르면, 베르크만과의 결투 사건이 밝혀질 것을 두려워하여 괴테 스스로 낙향을 택한 것으로 보인다.

사실 그가 라이프치히를 떠나기 전날인 1768년 8월 27일, 대학 당국에서 유례없이 엄격한 처벌 조항을 포함한 결투 금지령을 발표했다. 결투로 처벌받은 학생의 이름을 독일 내 모든 교육 관청에 전달할 테니, 그 학생은 이후 어떤 학교에도 들어갈 수 없다는 것이다.

그다음 날 새벽, 괴테는 친한 친구와도 인사를 나누지 않고 도망치듯 라이프치히를 떠났다. 그리고 2년 후인 1770년, 독일의 대학이 아닌 프랑스령 스트라스부르의 대학에 입학했다.

당시 상황에 비추어 보면 괴테가 갑자기 라이프치히에서 모습을 감춘 것이 병 때문이 아니라 결투가 적발될까 두려웠기 때문이라는 뮐러의 견해에 설득력이 있다. 괴테가 그때 '베르크만과의 결투가 밝혀지면 무거운 벌을 받을 뿐만 아니라 장래가 끝장난다.'라고 생각한 것도 무리가 아니다. 우리가 지금 이 사실을 알게 된 것은 세월이 흘러 괴테가 유명해진 뒤에 베르크만이 가족에게 자랑삼아 결투 사실을 이야기한 것이 풍문으로 조금씩 전해진 덕분이다.

당시 결투에서는 가는 검인 레이피어Rapier로 베기와 찌르기를 조합해 쓰는 것이 유행이었다. 그러다 보니 치명상이 자주 발생했으므로, 독일 정부가 특단의 조치로 결투를 한 대학생을 강제 퇴학 또는 퇴학 권고를 하겠다고 엄포를 놓은 것이다.

괴테와 베르크만이 자신들의 결투 사실을 비밀로 굳게 지킨 이유는 이 때문일지도 모른다.

괴테의 결투관

괴테는 《젊은 베르테르의 슬픔》으로 인기 작가가 된 후, 바이마르 공국의 초청을 받아 정치에 입문했다. 1779년부터는 고문으로서 바이마르 국정에 종사했다. 학문과 예술 분야의 시설 총감독을 역임했으며, 결투 처벌 명령을 어긴 학생을 재판했다. 라이프치히 시절에 몸소 익힌 결투 지식이 이 일을 수행하는 데 큰 도움이 되었을 것이다.

1790년경 독일에서는 전통 학생 향우회인 란츠만샤프트, 그리고 프리메이슨 사상의 영향을 받아 18세기 후반에 설립된 학생 단체 오르덴Orden이 심각하게 대립하고 있었다. 이 단체들 때문에 결투와 싸움이 일상이 되다 보니 모든 대학가가 황폐해졌다. 그러던 1791년 가을, 예나 대학에서 '결투 대신 코코아 한 잔의 대화로 분쟁을 해결하자.'라는 구호를 내세운 반결투 학생 단체가 탄생했다.

그들은 명예를 지키는 수단으로 결투 대신 명예 재판을 할 것을 호소했다. 1792년 1월 4일, 이 단체는 자신이 작성한 계획서와 결투 철폐를 호소하는 청원서를 대학 당국에 제출했다. 그 문서는 괴테에게 도달하지 못했지만, 나중에 괴테는 결투 철폐를 두고 이렇게 말했다.

결투는 탁월한 검술을 증명하기 위한 것이 아니다. 또 신입생의 호전성이나 성실성, 도덕성 같은 인간성 때문에 일어나는 것도 아니다. 결투는 단지 한때 저급한 생활에 절어 살던 쓰레기 선배가 다른 자에게 퍼뜨리는 것에 불과하다.

그러나 괴테는 자신이 직접 경험한 전통적 학생 결투 자체를 반대한 것은 아니다. 여기 언급된 결투란 새로 떠오른 학생 단체 오르덴의 거칠고 충동적이고 무질서한 결투를 가리킨다. 괴테는 분명 결투 반대를 표명하고 명예 재판을 통한 학생 자치를 꾀하자는 생각에 어느 정도 이해를 표시했다. 그러나 사실은 결투에 반대하는 학생들을 교묘하게 이용하여 오르덴을 소탕하려 했을 뿐이다.

괴테는 학생의 징계 처분을 담당한 뒤로 줄곧 학생 결투에 반대하는 자세를 취했다. 하지만 어디까지나 오르덴의 결투를 반대했을 뿐이었다. 괴테는 스스로 경험한 전통적 학생 결투 관습을 철폐할 수 없었고, 그럴 생각도 없었다. 그 덕분에 괴테와 베르크만의 사건 이후 약 250년이 지난 지금까지 결투가 존속하는지도 모른다. 결투는 상세한 규칙하에 진검으로 겨루는 '멘주어'라는 형식을 빌려, 지금도 독일어권 학생들 사이에 계승되고 있다.

스가노 미치나리

3

독일 사회민주당의 창설자, 결투로 죽다

좌파의 결투

19세기의 결투는 우익 학생들의 전유물이 아니었다. 마르크스도 학생 때 결투를 했다. 다만 경상에 그쳐 화제가 되지 않았을 뿐이다. 심지어 독일 사회민주당SPD의 모태인 '전독일 노동자 협회'를 창설한 라살레는 1864년에 결투를 하다가 목숨까지 잃었다. 유대인인 그가 결투를 배우고 실천한 곳 역시 군대가 아니라 대학교였다.

라살레는 1843년에 브레슬라우 대학에 입학하자마자 부르셴샤프트에 가입하여 학생 결투의 관습과 예절을 배웠다. 그는 대학 졸업 후에도 검술을 규칙적으로 훈련하여 몸을 가볍고 강하게 유지했다. 게다가 학생들이 명예를 지키기 위해 개발한 특유의 결투 방식도 학생 시절부터 몸에 배어 있었다.

라살레는 평생 명예와 결투 규범을 가까이했다. 1858년에 베를린의 한 군인에게서 결투 신청을 받은 일화에서도 그 사실을 확인할 수 있다. 라살레는 런던에 있는 유대인 친구 마르크스에게 편지를 써서 그 사건을 이렇게 진술했다. "결투 신청서를 받았을 때 그것을 즉시 받아들이고 싶다는 강한 충동을 느꼈다네."

마르크스와 라살레는 같은 헤겔 좌파이기는 했지만 사상의 결이 달랐다. 라살레는 혁명가가 아니라 선거를 통해 의회 민주주의를 확립하려 했던 온건파 사회 민주주의자였다. 그래서 결국 급진파인 마르크스와 대립하게 되었고 교류조차 끊어지고 말았다. 그리고 라살레는 결투에 반대한다는 뜻을 여러 번 자신 있게 공언했으므로 그 말과 원칙을 관철하기 위해 결투 신청을 애써 거절하고 자제했다. 이미 공표한 주장 때문에 내면에서 솟아오르는 본능적 충동을 억눌러야 했으니 무척 괴로웠을 것이다.

그러나 라살레는 1864년, 연애라는 평범한 이유로 사람들 앞에서 선언한 사회주의자의 정체성과 신조를 단숨에 포기했다. 당시 20세였던 아름다운 연인 헬레네 폰 도니게스를 얻기 위해 권총 결투를 감행한 것이다. 그 사정은 이렇다. 헬레네는

| 라살레.

| 헬레네.

루마니아 귀족인 잔코 폰 라코비처와 약혼한 상태에서 라살레의 청혼을 받자 그와도 약혼해 버렸다. 한순간 라살레에게 마음이 흔들린 것이다. 그녀는 라살레와 도망치려 했다. 그러나 말솜씨에 자신이 있었던 라살레는 그녀의 부친을 설득하기 위해 그녀의 집을 찾아갔다.

바이에른 귀족 출신의 외교관이었던 헬레네의 아버지는 라살레가 진보 사상을 가진 사회주의자임을 알고 난색을 보이며 결혼을 반대했다. 그러자 헬레네는 다시 루마니아 귀족에게로 마음이 기울어 라살레와 결혼하지 않겠다고 선언했다. 분개한 라살레는 약혼녀의 우유부단하고 불성실한 태도를 비난했다. 그리고 절망감 속에서 그녀의 부친과 루마니아인 약혼자에게 결투를 신청했다.

라코비처가 도전을 받아들였으므로 1864년 8월 28일에 주네브 교외에서 결투가 벌어졌다. 라살레는 이날 배에 총을 맞아 3일 후에 사망했다. 라살레의 장례식을 찾아온 조문객 4,000명은 덕망 높았던 그의 죽음을 슬퍼했다. 누가 보아도 그 결투는 사상이나 신념이 아닌 사랑 때문에 일어난 비극이었다. 물론 라살레의 정의감이나 자존심도 결투에 영향을 미쳤겠지만, 이 사례를 통해 결투란 정치적인 주장과는 무관하게도 벌어지는 일임을 알 수 있다.

스가노 미치나리, 하마모토 다카시

4
명예에 목숨을 건 프로이센의 장교들

일렁이는 결투의 열기

1800년에서 1914년 사이 독일에서는 결투가 엄청나게 많이 일어났다. 그중 약 70퍼센트는 권총 결투, 나머지는 진검 결투였으며, 결투 당사자 중 약 30퍼센트가 목숨을 잃었다. 이렇게 결투가 많이 일어난 이유는 당시 독일을 주도한 프로이센의 군국주의적 부국강병 정책 때문이다. 특히 장교들이 결투에 열중했다는 점을 주목할 만하다.

독일은 결투를 용인하는 풍조가 만연했으나, 프랑스는 결투를 반대하는 시민들이 명예 재판소 설립을 제안했다. 독일에서도 그 영향을 받은 시민 계급 법률가들이 프로이센군 장교 전용 명예 재판소를 세우기 위한 시민운동을 18세기 말부터 펼쳤다. 명예 재판소를 통해 분쟁을 평화로운 방식으로 해결하고, 군인의 결투를 법으로 규제하자는 것이었다. 그러나 군 당국이 이 제안에 격렬하게 저항했다. 명예 재판소를 설치하자고 적극적으로 주장한 수석 법무장관 폰 카르머는 1791년에 한 군 간부에게 이런 반박을 당했다.

우리는 명예 재판소 설치가 초래할 '군인의 품성 개조'에 찬성할 수 없다. 전통적 군인의 품성이란, 어떤 위험에 처해도 의연하고 대담한 태도를 유지하며 자신의 명예와 인격을 해치는 모든 공격에 예민하게 반응하고 또 어떠한 공격에도 자신을 지키기 위한 결단을 재빨리 내리며 …… 라는 특징이 있다. 이런 품성 때문에 군인들 사이에 결투가 많이 벌어지는 것이다. …… 명예 재판으로 결투를 줄이려 하고, 결국 결투를 근절하거나 일소하려는 움직임은 '군인의 성격'을 매우 훼손하고 왕의 군대가 지켜온 탁월하고 훌륭한 정신을 변질시킬 위험성이 있다. 당신이 제안한 명예 재판은 장교의 공명심이나 야심과 병존할 수 없다. 설사 그 공명심이 다양한 선입관과 편견 위에 성립되었다 해도 그 선입관과 편견은 지금까지 왕의 군대에 유익한 영향을 끼쳐 왔다. 그 덕분에 프로이센군의 정신력과 품성이 최고의 명성을 얻을 수 있었다.

당시 국왕이었던 프리드리히 빌헬름 2세도 명예 재판소 신설이 군대의 정신과 기능에 부정적인 영향을 미칠 것을 염려하여 반대파의 주장에 곧바로 찬성했다. 그리고 법무장관 카르머와 계몽주의 법률가들이 제안한 재판소 설치안을 기각한 다음, 명예 재판을 하려는 생각을 버리고 기존에 공포된 왕의 칙령과 지령을 따르라고 명령했다.

명예 재판소를 반대한 왕과 군부의 아집

1806년 프랑스의 나폴레옹이 프로이센을 침략했다. 프로이센군은 예나와 아우어슈테트에서 나폴레옹의 프랑스군에 패배했다. 그 결과 프로이센군 장교단은 '최고의 명성'이라는 영광스러운 무대에서 잠시 퇴장할 수밖에 없었다. 그 틈에 프로이센군의 철저한 조직 쇄신과 프랑스식 명예 재판소 도입을 요구하는 목소리가 다시 커졌다.

1808년, 나폴레옹의 반결투주의의 영향으로 당시 프로이센 왕이었던 프리드리히 빌헬름 3세가 드디어 명예 재판소 설치를 명령했다. 그러나 새로운 재판소는 장교 개인이 명예 규범을 어겼는지, 다시 말해 군인으로서 부끄러울 만한 언동을 취하지 않았는지 감시하는 일을 맡았을 뿐 사실상 결투를 방지하는 역할은 수행하지 못했다.

Preußens Heer während der Befreiungskriege.

Garde zu Fuß.   Garde zu Fuß.   Garde zu Fuß. Musketier. Grenadier.   Füsilier   Infant.-Offizier. Pionier. Tambour.   Jäger.
(1. Reg.)   (2. Reg.)   (Offizier.) (Westpr. Reg.)(Ostpr. Reg.)(Pomm. Reg.)(Schles. Reg.)   (Märk. Reg.)

| 대나폴레옹 해방 전쟁 중인 프로이센군.

　게다가 1815년 '해방 전쟁'에서 프로이센을 비롯한 반나폴
레옹 진영이 승리하자, 프로이센군의 사기가 올라 군인의 결
투 관습에 다시 불이 붙었다. 결투가 일상화되고 장교의 명예
를 건 결투가 다시 큰 인기를 누렸다.

　군대 내 결투가 급격히 증가하는 것을 본 왕은 1821년에 "고
의로 명예 규범을 어기거나 상대에게 무례한 모욕을 줌으로써
결투를 부추긴 장교는 가차 없이 처분하겠다."라고 선언했다.
또 명예 재판소의 권한을 확대하여 결투를 중재, 조정할 뿐만
아니라 결투를 벌인 장교에게 면직 등 이전보다 엄격한 처벌을
내릴 수 있도록 했다. 프리드리히 빌헬름 3세는 명예 훼손에
대해 다음과 같은 말을 남겼다.

나는 내 군대에서 장교의 개인적인 명예가 존중받기를 바란다. 그래서 명예를 해치는 무례한 공격에서 그를 지키기를 원한다. 피로만 씻을 수 있을 정도로 개인의 명예를 심하게 손상하는 모욕이 발생한 경우, 그런 저열한 말을 경솔히 입에 담은 자가 장교로 근무하는 것 자체가 스스로 품위를 떨어뜨리는 일이므로 그를 면직한다.

하지만 결투의 전통은 군대 안에 너무 깊이 뿌리내리고 있었다. 그래서 그 전통을 더 적합한 대상으로 이식하려 했던 왕의 일관되고 단호한 의지마저 장교단의 집요한 저항 앞에 좌절되고 만다.

프리드리히 빌헬름 4세가 즉위한 지 3년 후인 1843년, 장교단의 결투와 명예 재판을 다루는 새로운 명령이 내려왔다. 명예 재판소의 권한을 더 확장하고 강화하라는 명령이었다. 이 때부터 사소한 일로 빈번하게 일어나는 장교들의 명예 결투를, 국가가 명예 재판소라는 조정 기관을 통해 통제하게 되었다. 단, 심각한 모욕 때문에 결투가 일어났을 경우 모욕을 준 자가 명예 재판소에서 더 직접적인 처벌을 받게 함으로써 결투를 방지하는 효과를 높이려 했다.

그래도 당사자들이 결투를 포기하지 않으면 명예 재판소가

| 명예 재판소 설립을 추진한 프리드리히 빌헬름 3세(좌)와 프리드리히 빌헬름 4세(우).

신설한 결투 처벌 조항을 다시 확인하게 했다. 만약 그 경고마저 도움이 되지 않아 결국 결투가 벌어진다면, 명예 재판소의 재판관이 결투 장소로 가서 세컨드와 협력하여 조정을 시도했다. 그것도 안 되면 어쩔 수 없이, 재판관이 입회인이 되어 라운드 수나 결투 방식을 결정했다.

물론 명예 재판소의 재판관이 입회했다고 해서 징계를 피할 수 있는 것은 아니었지만 처음부터 명예 재판소의 조정을 의도적으로 따돌린 자는 군법 회의에 넘겨지고, 결투 결과와 죄의 경중에 따라 2개월에서 8개월 사이의 금고형을 받았다.

왕명으로 권한이 확대되었기에, 명예 재판소에는 결투 중개

| 결투자와 입회인, 세컨드의 배치도. 입회인 좌우의 세컨드는 검을 준비한다. 이 그림은 멘주어 지만, 명예 결투의 배치도 이와 같다.

의뢰가 밀려들었다. 게다가 사전 조정이 실패하여 결국 결투가 벌어지면, 명예 재판소에 소속된 장교가 결투에 직접 입회했다. 결투 당사자로서는 결투의 공적 승인을 받는 셈이었다. 결투를 완전히 근절할 수 없다는 사실을 깨달은 국가가 명예 재판소의 권한을 확대함으로써 장교의 결투를 통제하는 한편, 국가의 위엄을 지키려는 시도였다. 이 조치는 꽤 성공적이었다.

당시 프로이센군의 군대는 점점 커져서 상비군 보병이 약 19만 명, 기병이 약 5만 명에 달했다. 군대의 힘이 점점 강해지자 시민과의 관계에 불균형이 생겼다. '장교의 명예 손상은 그 자체가 매우 모욕적이며 대부분은 시민의 명예가 손상되었을 때보다 더 불리한 결과를 낳는다.'라는 이유로 시민이 장교를 모욕했을 경우 3개월부터 6개월까지의 자유형[11]에 처하지만, 반대로 장교가 시민을 모욕했을 때는 군 막사 금고형, 혹은 성새 금고형을 받게 되었다. 하지만 그마저 유명무실하여 실제로는 상관에게 질책을 받는 정도로 마무리되는 경우가 대부분이었다.

스가노 미치나리

---

11 자유를 박탈하는 형벌. 우리 헌법에는 징역, 금고, 구류의 세 가지가 있다.

5

프로이센에서는 결투가 특권

군인과 시민의 결투 사건

프로이센에서는 군인과 시민 사이에 결투가 벌어지면 어떻게 처벌할 것인지가 큰 쟁점이 되었다. 명예 결투가 벌어진 뒤, 두 사람을 평등하게 처벌해야 하는지, 아니면 군인은 감형해야 하는지가 논쟁거리였다. 이 논쟁은 프로이센 육군의 소위 폰 라이톨트와 한 법무부 수습생이 벌인 결투가 불러왔다.

1844년, 라이톨트 소위는 쾨니히스베르크의 한 술집에 갔다가 샤데라는 법무부 수습생이 국왕 프리드리히 빌헬름 4세에 대한 무례한 말을 내뱉는 것을 들었다. 라이톨트는 수습생에게 권총 결투를 신청했으나 샤데는 공식적인 문서를 통해 잘못을 인정하고 용서를 빌었다. 그런데도 라이톨트가 끈질기게 결투를 요구한 끝에 결투가 벌어졌고, 샤데는 치명상을 입어 사망했다. 나중에 라이톨트는 "샤데가 왕과 관련된 무례한 말을 내뱉었을 때 내 개인적인 명예와 공직자로서의 명예가 손상되었다고 느꼈다. 그래서 장교로서 결투라는 방법을 택할 수밖에 없었다."라고 말했다.

프로이센의 간부들은 라이톨트의 태도를 칭찬했으나 쾨니히스베르크 시민의 생각은 정반대였다. 당국의 의도대로라면 샤데의 장례는 되도록 조용하게 치러져야 했지만 실제로는 예상을 훨씬 뛰어넘은 수백 명의 조문객이 장례식에 참석했고 여성들은 샤데의 무덤에 꽃을 계속 가져다 놓았다. 이 사건이 있은 지 몇 개월이 지난 후에도 쾨니히스베르크 시장이 내무장관에게 "시민들은 당국에 충성을 다하는 일의 혐오감을 이 불행한 사건에 투영하고 있습니다."라고 보고할 정도였다.

시장이 말한 '충성'이란 장교의 명예를 우선하는 것, 그리고 명예 회복을 위한 결투 관습을 군사 국가 프로이센의 존속을 위한 필수 조건으로 받아들이는 것을 뜻했다. 그는 대다수 시민이 그런 충성을 거부하고 권리와 법을 방패 삼아 형법상 결투 금지령을 내세우는 것을 못마땅하게 생각했다. 그들이 군사 국가 프로이센의 기반을 진정으로 이해하지도 따르지도 않으려는 것처럼 보였기 때문이다.

군국주의로 치닫는 프로이센

이 결투 사건은 시민의 명예보다 군인의 명예를 우선하는 프로이센의 사회 구조를 보여 주었고, 일반 시민의 반감을 자극했다. 그리고 그 반감은 1848년부터 1849년까지 벌어진 시민 혁명에서 한꺼번에 폭발했다. 파울 교회에서 열린 프랑크푸르트 국민 의회는 1848년에 독일의 새로운 병역 제도 법안을 제출하여 군대의 명예 재판소를 철폐하고 군인의 명예라는 특권을 없애기로 결의했다.

특권으로 보호받았던 군인의 명예심은 이미 일반적인 정치적 의식과는 동떨어져 있었다. 사실 이전의 군인들이 누렸던 특별한 명예는 병역 의무가 도입되고 일반 시민이 입대하기 시작한 후로 희석될 수밖에 없었다.

시민들은 배타적 신분, 계급의 명예를 특별히 우대하지 말고 개인의 직업상 능력만을 사회적 존경의 척도로 삼을 것을 다음과 같이 요구했다.

명예는 한 계급만의 특권도, 상속권도, 독점권도 아니다. 그것은 모든 인간의 공유 재산이다. 명예를 갖고 싶은 모든 자가 명예를 가질 수 있고 명예를 갖기 싫은 자만이 명예를 갖지 못한다.

형법 수정에 착수한 프로이센 추밀원은 1846년에 다음처럼 장교의 특권을 제한하고 시민을 보호하겠다고 공표했다.

다양한 신분과 계급이 뒤섞이고 전 국민에게 병역 의무가 부과되는 지금과 같은 상황에서는, 아무리 장교들의 특수한 사정을 고려한다 해도 시민의 명예가 현저한 불평등으로 손상되는 일을 막아야 하며 시민의 명예를 보호해야 한다.

그러나 나중에 프로이센 국왕 겸 독일 황제로 즉위한 빌헬름 1세는 1848년에 이와 반대되는 의견을 발표했다. 모든 사회적 격차를 없애려는 시대적 흐름에 역행하여 장교 계급만 특별하게 취급하고 장교의 명예에 특별한 권리를 인정하겠다고 밝힌 것이다.

장교 계급의 명예와 그 훼손에는 다른 계급의 명예나 그 훼손과는 전혀 다른 의미가 있다. 명예심과 그 명예에 부끄럽지 않은 언행은 장교 계급이 반드시 갖추어야 할 조건이자 직업 군인에게 가장 중요한 조건이다. 그런 의미에서 장교의 명예를 훼손하는 행위는 그들의 본질적 존재 조건을 공격하고 위협하는 특별한 중죄다. 법률, 특히 프로이센의 국법은 명예에 부끄럽지 않은 언행을 가장 우선으로 하는 장교들의 마음을 힘써 보호하기 위해 장교의 명예 훼손을 더욱 엄중히 처벌할 필요가 있다. 명예를 중시하는 장교 계급의 의지가 국가의 안전과 존재를 유지하는 기반인 이상 장교의 명예 훼손을 장교가 아닌 자의 명예 훼손과 달리 취급하는 것이 국가로서 당연하다.

1860년대부터 1870년대까지 프로이센군이 군사적 성공을 거두고 군인들이 1871년의 독일 통일에 크게 이바지한 덕분에 군대는 여전히 사회적 우위를 유지했다. 군인의 명예를 둘러싼 결투 역시 이런 시대 흐름의 영향에서 벗어날 수 없었다. 그러면 지금부터는 군인의 명예 결투와 밀접한 관계에 있는 프로이센의 징병제를 살펴보자.

스가노 미치나리

징병제와 결투

앞에서 프로이센 장교의 결투와 군국주의는 밀접한 관계라는 이야기를 했다. 그리고 장교의 결투 문제는 징병제와도 결부되어 있다.

오래전이긴 하지만, 프로이센의 전신인 신성 로마 제국은 주요 병력을 용병으로 해결했다. 그러다 보니 경비가 많이 들었고, 용병들이 전투 중에 적과 흥정을 하거나 국민을 괴롭히고 질서를 어지럽히는 등 문제가 많았다. 이에 유럽 국가들은 오스만 제국이 유럽을 침략한 것을 계기로 1654년에 열린 제국 회의에서 상비병을 둘 것을 결의했다. 처음에는 모병제였지만 이후 1806년부터 1813년까지 이어진 나폴레옹의 독일 침공으로 프로이센의 애국주의 국민운동이 활발해진 결과 1814년에 징병제가 확립되었다.

보통 유럽의 징병제에서 귀족이나 특권적 직업을 가진 사람은 병역을 면제받았다. 하지만 프로이센은 1867년부터 강제 징병제를 시행했다. 징병된 병사는 군사 훈련의 하나로 상관의 명령에 절대복종하는 등 군국주의 훈련을 받았다. 여기서 크게 활약한 집단이 청년 장교들이었다. 그들은 군대의 규율을 강화하고 용맹함을 장려했으며, 병사들에게 모범을 보이기 위해 결투를 중시했다. 그래서 프로이센에서는 19세기 후반까지 장교의 결투가 만연했다.

일반 시민과 자유주의파 의원들은 장교의 특권을 인정하는 것을 반대했지만 1870년부터 1871년까지 일어난 프로이센과 프랑스 간의 전쟁에서 프로이센군이 대승을 거둔 덕분에 군대와 장교의 특권은 19세기 후반까지도 유지되었다. 징병제로

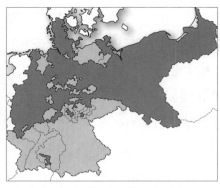
| 프로이센(진한 색)과 독일 제국(연한 색까지 확장).

모든 시민이 군사 훈련을 받았던 것이 오히려 장교의 특권 유지에 도움이 되었다.

그러던 1871년, 프로이센이 독일을 통일하고 독일 제국을 설립했다. 독일은 이렇게 군국주의에 힘입어 영토를 확대하고 열강 대열에 진입함으로써 부국강병의 길을 걷기 시작했다. 그 중심에 비스마르크가 있었다.

하마모토 다카시

6

비스마르크와 피르호의 결투

학생 시절에 결투를 25회나 한 비스마르크

나중에 독일의 철혈 재상이 되는 오토 폰 비스마르크는 어려서부터 '용맹성, 영웅 같은 대담함, 신분과 계급, 명예 의식'을 특히 중시하여 그런 품성을 갖추려고 노력했다. 그래서 말라깽이 소년 오토는 1830년, 겨우 15살 때 베를린에서 볼프라는 소년과 결투를 했다.

그리고 비스마르크는 1832년 5월 10일, 17세에 괴팅겐 대학에 입학해 법학과 정치학을 배웠다. 그는 당시 학생들의 관례에 따라 전통적 학생 단체인 코어 또는 혁명적인 학생 단체인 브루셴샤프트에 가입할 수 있게 됐다. 고향을 사랑한 오토였지만, 일단은 애국심 함양과 통일 국가 수립을 지향하는 브루셴샤프트의 문을 두드렸다. 그러나 체제 변혁과 공화제 수립을 지향하며 전통적 결투를 거부하는 그들에게 실망했다. 결국 그는 대학 입학 후 약 2개월 만인 7월 6일에 코어 하노페라로 옮겼다. 코어 하노페라는 예의범절을 중시하며 전통적인 결투 관습을 유지하고 있었다.

오토는 학생 단체 코어의 신입생으로서 8월에 첫 결투를 치렀다. 참고로 당시 학생 결투는 권총이 아니라 검을 썼는데, 앞서 소개한 특수 단검인 슐레거 또는 세이버를 썼다. 머잖아 정회원이 된 그는 거친 행동, 폭음, 결투라는 세 요소를 골고루 갖춘 학생 시절을 만끽했다. 그 결과 괴팅겐 대학에 재학한 1년 반 사이에 결투를 무려 25회나 하면서 다양한 부상을 입었고 왼뺨에 뚜렷한 칼자국도 만들었다. 당시 대학 당국과 시 당국은 학생 결투를 엄격하게 처벌했지만, 비스마르크의 열정은 식을 줄 몰랐다.

비스마르크가 당시 코어를 선택한 것이 정치가를 지망하는 청년으로서 얼마나 현명한 선택이었는지가 나중에 밝혀진다. 1834년에 독일 연방 의회가 반체제를 내세우며 급진적 투쟁을 일삼은 브루셴샤프트의 회원을 행정관, 재판관, 외교관 등 공무에서 제외하는 법안을 가결한 것이다. 부유한 미국인이자 비스마르크와 가까운 학우였던 존 모틀리도 브루셴샤프트를

혐오하여, 비스마르크에게 보
내는 1832년 7월 1일 자 편지
에서 괴팅겐 대학의 브루셴
샤프트를 '대학의 쓰레기'라
고 불렀다. 보수파인 비스마
르크도 아마 그와 같은 생각
이었을 것이다.

| 22세의 비스마르크.

　그 후 비스마르크는 베를린
대학으로 옮겨 1835년에 학
업을 마치고 출세 가도를 달린다. 그는 국회의원과 외교관으
로 활약하다가 1862년 10월 8일에 빌헬름 1세 치하의 프로이
센 총리로 취임했다. 자유주의파 의원들은 체제 유지를 지향
하는 보수파였던 비스마르크를 공격하기 시작했다. 그중 가장
유명한 사람이 백혈병을 발견한 병리학자 루돌프 피르호였다.
당시 자유주의파 하원의원이었던 피르호는 1864년 1월 21일
과 22일에 열린 의회에서 "당신은 결연하고 강력한 정책으로
일을 시행할 만한 인물이 아니다."라는 말로 비스마르크를 비
난했다.

　1865년 6월 2일, 두 사람은 의회에서 해군을 다룬 비스마르
크의 법안을 심사하다 또 한 번 격렬하게 충돌했다. 이때 피르

| 1871년의 비스마르크(좌)와 피르호(우).

호의 통렬한 비판으로 자신의 명예가 손상되었다고 느낀 비스마르크가 더는 참을 수 없다며 결투를 신청했다. 이 일은 독일뿐만 아니라 유럽 전역에서 화제가 되었다.

두 사람의 결투 문제는 1865년 6월 8일에 열린 연방 의회에도 상정되었는데, 이때 자유진보당 의원이자 나중에 베를린 시장이 되는 포켄베크가 피르호를 옹호하기 위해 이렇게 말했다.

저는 여기서 확실히 말하겠습니다. 의회 내 연단 위에서의 발언으로 일어난 싸움을 의회 밖에서 처리하려는 사고방식이 오히려 총리의 명예를 더럽히고 있습니다. 발언의 책임을 결투로 갚게 함으로써 의원들의 '발언의 자유'를 제한한다면 비스마르크 총리는 의회의 특권을 심각하게 침해하게 될 것입니다. 두 사람의 결투는 말도 안 되는 일입니다. 본 의회의 의장은 국가의 자유와 의회의 권리를 보호해야 합니다.

의장은 포켄베크의 의견에 동의했다. 이에 육군장관 론이 이렇게 반론했다.

개인의 명예는 인간의 가장 훌륭한 일면이며, 그것을 지키는 것은 그 사람의 책무입니다. 세상의 어떤 권력자도 한 사람이 당한 모욕과 수치를 없애 주지 못합니다. 명예가 손상되었다고 느낀 자는 다른 누구의 말에도 따를 필요가 없습니다. 피르호 씨는 공적으로 사죄해야 하며, 그렇지 않을 때 비스마르크 총리가 결투에 필요한 절차를 밟는 것은 당연합니다.

이것은 의회 안에서 당한 모욕을 의회 밖에서 갚아야 한다는 보수파 정당의 생각을 대변하는 발언이었다.

반면 가톨릭 정당과 좌파 정당은 '결투는 엄연히 존재하는 형법과 좋은 풍습, 가톨릭 교리를 심각하게 위반하는 행위이므로 모든 시민, 특히 의회의 의원에게 결투를 강요해서는 안 된다.'라는 견해를 밝히고 공식적으로 피르호를 지지했다.

프로이센 의회에서는 연일 두 사람의 결투를 두고 격렬한 논쟁이 펼쳐졌는데, 심의할 다른 안건이라고는 하나도 없는 것처럼 보일 정도였다. 신문도 이 사건의 여론을 퍼 나르느라 정신이 없었다. 정치 집회나 선거 집회에서도 당시 총리인 비스마르크와 저명한 정치가인 피르호의 결투를 두고 열띤 토론이 벌어졌다. 그러는 동안 당사자인 피르호는 여론을 잠재우기 위해 의회에서 잠시 모습을 감추었다.

그러던 1865년 6월 17일, 피르호가 의회에 나타나 "비스마르크 총리를 모욕할 의도는 전혀 없었습니다."라고 선언하고 약 2주 전에 비스마르크에게 했던 발언을 공식적으로 철회했다. 비스마르크도 그 조치에 만족하여 결투 신청을 취소했다. 이렇게 두 사람은 결투를 피해 갔다.

독일 제국 의회에서 다시 불붙은 결투 논쟁

1871년, 베르사유 궁전에서 독일 제국 수립 선언이 이루어졌다. 그런데 독일 제국의 새로운 의회에서도 결투 문제로 격렬한 논쟁이 이어졌다. 결투 반대파 의원들의 주장은 이러했다.

결투는 기독교 도덕에 절대 부응하지 않으며 법에도 저촉된다. 용기가 과연 명예의 척도가 될 수 있을까? 그렇다면 세계에서 제일 명예로운 자는 나이아가라 폭포 위에서 외줄을 타는 자일 것이다. 대체 처음 보는 상대의 얼굴을 진검으로 베는 학생 결투 어디에 명예심이 있다는 말인가. …… 결투는 법 논리에 전적으로 모순된다. 만약 어떤 검사가 '결투 신청을 받아들이는 것은 명예를 중시하는 남자의 의무다.'라고 공언한다면, 우리의 법률은 대체 무엇을 위해 존재하는 것인가.

결투 옹호파 의원들은 이렇게 반론했다.

결투를 살해나 상해와 동등하게 취급하는 듯한데, 그것은 틀린 생각이다. 한 개인의 도덕적 본질이 위협당할 때 그것을 보호할 수 있는 존재는 타인이나 법률이 아니라 오직 자기 자신뿐이다. 그래서 결투가 있는 것이다! 자신의 아내나 딸이 외간 남자에게 유혹당해 성관계를 맺었다면 과연 가해자에게 보상금을 받는 것으로 가족의 명예를 회복할 수 있는가? 아니, 그것은 절대 불가능하다. 그럴 때는 결투가 어쩔 수 없는 선택이다.

말했다시피 19세기 이후 영국과 프랑스의 결투는 격감했지만, 독일의 학생, 장교, 시민의 결투는 날이 갈수록 증가했다. 독일에도 결투 반대파가 있었지만, 결투 찬성파가 국가의 중추까지 세력을 너무 많이 뻗친 상태였다. 그래서 결투 관습은 정치, 사회, 문화 등 다방면에 영향을 끼치는 엘리트 장교와 학생들 사이에서 끈질기게 계승되었다. 그리고 이제는 멘주어로 모습을 바꾸어 결투의 정신을 계승하고 있다.

스가노 미치나리

제4장

스포츠가 된
결투

1
멀고도 가까운 스포츠와 결투

결투가 스포츠로 변하는 과정

제4장부터는 관점을 바꾸어 시대의 흐름과 함께 결투가 스포츠로 변해 가는 과정을 살펴보려 한다. 다음 쪽에 '결투와 스포츠의 상관관계도'가 나와 있는데, '결투' 항목을 보면 사회 집단에서 생겨난 알력이 결투 → 신명 재판 → 페데 → 결투 재판 → 진검(권총) 결투 → 펜싱으로 변했다고 나와 있다. 이번 4장의 내용도 이렇게 순서대로 하나씩 채워 나가면 좋겠지만 현실은 그렇게 단순하지 않으니, 이외의 다양한 요소가 거미줄처럼 얽히게 될 것이다.

그래도 굳이 결투가 스포츠로 변화하는 과정을 도식화하고 싶다면 고대인들의 축제, 수렵, 경쟁, 결투, 전쟁, 동물 경기, 오

표2. 결투와 스포츠의 상관관계도

기원	발전 과정
축제	제사, 신 앞의 춤, 힘겨루기, 신 앞의 경쟁, 고대 올림픽
수렵	돌 던지기, 궁도, 귀족의 사냥, 사격, 라이플 경기, 투창, 해머던지기
경쟁	마을 공동체의 힘겨루기, 경주, 구기, 각종 근대 스포츠, 근대 올림픽
결투	신명 재판, 페데, 결투 재판, 진검(권총) 결투, 펜싱
전쟁	부족 전쟁, 종교 전쟁, 식민지 전쟁, 독립 전쟁, 국가 간 전쟁, 세계 대전
동물 경기	동물과의 격투, 원형극장, 기마 창 시합, 투우, 마술, 경마
오락	바둑, 장기, 도박, 내기, 서커스, 카지노

락 등 다양한 요소를 포함해야 한다. 스포츠의 거대한 총체인 올림픽까지 포함한 이 모든 요소가 상호 밀접한 관계를 맺고 있다.

요소들은 이렇게 방대하지만 결국 결투의 뿌리는 인류의 근원적인 생존 본능, 경쟁심, 명예심일 것이다. 그러면 지금부터 제4장에서는, 인류의 역사를 고대에서부터 훑어보며 결투가 스포츠로 변해 가는 과정을 종합적인 관점으로 분석해 보려 한다.

이하 제4장 전체 하마모토 다카시

2

라스코 동굴엔 투우의 기원이 있다

오로크스와의 격투

먼저 스포츠의 기원으로 거슬러 올라가면, 가장 원시적인 스포츠로 사냥을 들 수 있다. 인류는 살기 위해 동물을 잡아야 했으므로 동물과의 격투를 피할 수 없었다. 처음에는 영악한 맹수를 잡기 위해 매번 가혹한 격투를 거쳐야 했지만, 어느 순간부터는 무기를 만들어 쓰기 시작했다. 그때부터 힘, 경쟁심, 도약력 등 인간의 신체적인 능력을 겨루는 스포츠가 태동했을 것이다.

다음 쪽 상단에 호모 사피엔스인 크로마뇽인이 2만 년 전쯤에 프랑스의 라스코 동굴에 그린 벽화가 나와 있다. 이렇게까지 옛날로 거슬러 올라갈 필요는 없다는 사람도 있겠지만 나

는 이 이야기가 필요
하다고 생각한다. 원
시 시대의 벽화를 보
면 인류가 동물과 격
투를 벌였다는 사실
뿐만 아니라 우리 조
상의 근원적인 종교

| 라스코 동굴에 그려진 오로크스.

관과 세계관까지 짐작할 수 있기 때문이다.

위쪽 그림에는 원시 소인 오로크스로 보이는 거대한 소가 창에 찔려, 배에서 장이 비어져 나오는 장면이 그려져 있다. 옆에 있는 인간은 발기한 상태인데 이것은 신의 은혜를 입어 기분이 고양되었다는 뜻이고 옆에 있는 새는 신의 사자인 듯하다. 따라서 이 오로크스는 귀중한 사냥감이자 신에게 바칠 제물이라고 추측할 수 있다.

어머니의 자궁을 상징하는 동굴에 그림을 그려 풍요로운 신의 은혜에 감사드리고 더 많은 사냥감을 기원한 것을 보면, 이 그림을 그린 크로마뇽인은 사제 비슷한 역할을 했을 것으로 보인다. 원시 인류에게 동물과의 싸움은 사활이 걸린 중대한 문제였으므로 이 그림 또한 중요한 의미를 지니고 있었을 것이다. 오늘날 우리는 이 벽화를 통해 생명과 죽음, 삶의 재생을 간절히 기원하는 고대 인류의 제사 의식을 상상해 볼 수 있다.

미트라교와 소 희생제

고대 유럽의 종교인 미트라교가 소를 제물로 삼은 이유는 옛날부터 동물과 인간이 결투해 왔기 때문일 것이다. 미트라교는 처음에 목축민의 종교로 출발하여 고대 로마 시대, 그중에서도 기원후 약 4세기 동안 융성하다가 기독교가 보급되면서 쇠퇴했다. 그 흔적이 주로 지중해 지역, 메소포타미아, 페르시아 지역에서 발견되는데, 문서로 된 확실한 기록은 없지만 제물로 보이는 소를 미트라교의 신인 미트라스가 동굴에서 도살하는 모습이 담긴 조각이 많이 남아 있다.

| 미트라교의 소 희생제.

왼쪽 사진의 조각에는 미트라스가 소의 뒷다리를 발로 밟고 단도로 도살하는 모습이 나타나 있다. 잘 보면 배에 흐르는 피를 뱀과 개가 핥고 있으며 전갈이 생식기를 물고 늘어져 있다. 여기서도 크로마뇽인의 제사 벽화와 일맥상

통하는 세계관을 엿볼 수 있다. 소의 조각이 만들어진 이유는 해석이 분분하지만, 풍요를 기원하는 희생 제물이라는 설이 유력하다.

미트라교는 기원후 고대 로마에서 특히 유행하여, 수많은 신자가 신의 풍성한 은혜를 기원하며 소를 제물로 바쳤다. 소를 제물로 바치는 이유는 점성술의 황소자리를 중시하는 미트라교의 우주관과 관련이 있다는 설도 있다. 또한 태양신 미트라가 동지에 죽었다가 12월 25일에 부활한다고 하여 그날 큰 축제를 열던 풍습은 기독교의 성탄절로 변했다. 두 종교 모두 제물을 바쳐서 죽은 자의 부활을 기원하는 셈이다.

제사의 목적이 무엇이든, 소를 죽여 신에게 바치는 행위가 신을 기쁘게 한 듯하다. 그래서 처음에 고대 로마 하층민의 종교였던 미트라교는 나중에 황제까지 신자로 거느리게 되었다. 그러나 기독교와 치열한 경합을 벌이다 4세기에 고대 로마가 기독교를 국교로 삼자 이교가 되고 말았다. 그러나 기독교는 미트라교의 풍습을 받아들여 앞에서 말했듯 성탄절을 큰 명절로 지키고 있다. 미트라교의 죽음과 부활의 교의에도 기독교와 겹치는 부분이 있다. 물론 소 희생제는 계승되지 않았지만, 그 도축 신화는 유럽 곳곳에 남아 있다.

신화 속 괴물 퇴치

에게 문명이 번성했던 지중해의 크레타섬에는 유명한 전설
이 있다. 바로 미노타우로스 신화다. 제우스와 에우로페의 아
들인 미노스가 크레타섬을 다스렸는데, 그가 양을 바치지 않
자 제우스가 분노했다. 그래서 제우스는 미노스의 아내 파시
파에에게 저주를 걸어 양과 성관계를 맺게 했고, 파시파에는
머리는 소, 몸은 인간인 반인반수 괴물 미노타우로스를 낳았
다.[12] 미노타우로스는 클수록 난폭해져 아테네 사람들에게 인
간 제물을 바치게 하여 잡아먹었다. 보다 못한 왕은 어쩔 수 없
이 크노소스의 궁전 라비린토스에 미노타우로스를 가두었
다.[13] 그때 아테네의 영웅 테세우스가 미노타우로스를 퇴치하
기 위해 스스로 제물이 되어 크레타섬에 들어갔다.

테세우스의 용감한 모습에 반한 미노스 왕의 딸 아리아드네

---

12 일반적으로 알려진 내용으로는, 크레타의 왕 미노스가 왕권 안정을 위해
포세이돈에게 간청하여 흰 소를 얻었지만, 왕권이 안정되면 포세이돈에게
다시 제물로 바치기로 한 약속을 어겼다고 한다. 이에 분노한 포세이돈은
파시파에에게 그 소에 욕정을 느끼게 하는 저주를 걸었다.

13 원서에는 아테네 사람들이 제물을 바치게 된 이후에 미노스 왕이 미노타우
로스를 가두었다고 나와 있으나, 일반적으로는 미노스 왕이 이미 미노타우
로스를 가둔 후에 자신의 아들 안드로게오스를 죽인 아테네에 복수하기
위해 아테네를 침략하였고, 일정 주기마다 아테네의 젊은이 여러 명을 바치
게 만들어 미노타우로스의 먹이로 주었다고 알려져 있다.

| 미노타우로스 전설과 라비린토스.

가 그에게 실뭉치를 주며 라비린토스에서 무사히 귀환할 방법
을 알려 주었다. 테세우스는 그녀의 말대로 실 끝을 입구에 묶
어놓고 실뭉치를 풀면서 라비린토스 안으로 들어갔고, 미노
타우로스를 찾아서 퇴치한 뒤 실을 더듬어 원래 있던 곳으로

| 테세우스와 미노타우로스의 대결.

무사히 돌아왔다. 영웅 테세우스가
소 괴물을 퇴치하는 이 이야기에도
결투의 구조가 반영되어 있다.

다만 현실적으로 이 신화는, 크레
타섬에서 되풀이된 천재지변을 소
를 상징하는 미노타우로스에 비유
하고 그것을 영웅이 퇴치하게 만든
이야기로 해석할 수 있다. 자연과의

대결을 피할 수는 없지만, 신화 속에서라도 인간이 이기게 만들고 싶었던 것이다. 그런데 그 해결 방법을 알려 준 사람이 여성인 아리아드네였다. 여성의 지혜로 천재지변을 극복한 이 이야기에는 당시의 여성 상위 사상이 드러나 있다.

투우의 뿌리

영웅이 괴물과 싸우는 이야기를 들으면 콜로세움에서 사람과 동물이 결투를 벌이는 장면을 떠올리는 사람도 있을 것이다. 그러나 잘 알려진 것처럼 콜로세움 결투는 제의가 아니라 '빵과 서커스' 중 '서커스'였다. 기록에 따르면 노예 검투사는 여기서 검투사끼리 사투를 벌였을 뿐만 아니라 동물과도 결투했다. 강제로 생사를 건 싸움에 내몰린 것이다. 콜로세움의 동물 격투는 신화와는 완전히 동떨어진, 흥미 위주의 화려한 오락으로 변한 지 오래였다.

당시 검투사는 맹수뿐만 아니라 소와도 싸웠다. 플리니우스의 《자연사Historia Naturalis》에 따르면, 카이사르가 스페인에서 이런 이벤트를 수입했다고 한다. 콜로세움과 같은 원형 경기장이 수도 로마뿐만 아니라 고대 로마의 영토 곳곳에 있었으므로 이 오락거리는 전 유럽으로 퍼졌다.

그러나 스페인 투우의 원형은 중세 스페인 귀족들이 고대 로마의 극장형 행사를 본떠 만든 '기마 투우'라는 의견도 있다. 기마 투우란 하인을 거느린 기사나 귀족이 말을 타고 다니며 소를 창으로 찔러 죽이는 경기다. 기마 창 시합과 비슷한 형식이지만 이것은 인간 대 동물의 결투였다. 이 시합에는 부유한 귀족만 출전할 수 있었는데, 이들은 이 '기마 투우'를 통해 자신의 용기와 투쟁심을 증명하려 했다. 그런데 나중에 기마 투우에 참여한 하인들이 두 발로 뛰어다니며 소와 직접 대결하는 해프닝이 크게 인기를 끌자 경기 자체가 '기사와 소'의 대결에서 '인간과 소'의 대결로 바뀌었다는 주장이다.

한편 축제 도중에 사람과 소가 싸우는 행사를 진행하고, 행사가 끝난 뒤 그 소를 잡아서 나눠 먹는 지역도 있었다. 소를 희생시키는 이런 풍습은 스페인 각지의 민속 행사로 계승되었다. 스페인의 팜플로나 지역의 소를 쫓아다니는 산 페르민 축제도 소 희생제가 변형된 것으로 보인다. 그러므로 투우는 고대 로마 콜로세움의 동물 격투나 중세의 기마 창 시합이 아니라 그보다 더 오래된 경기, 즉 원시 수렵 시대부터 있었던 종교의식에서 유래했다고 할 수 있다.

투우의 열기와 규제

사람과 동물의 싸움인 투우 경기는 오랜 역사를 거치며 사람들을 열광, 흥분시키는 일종의 미학을 갖추게 되었다. 소의 죽음을 단순히 지켜보는 것이라면 미학이 끼어들 여지가 없겠지만 투우사의 투쟁, 화려한 몸동작, 동물의 생존 본능, 생사를 건 결투, 희생제의 재현, 관객의 열광 등이 한데 어우러진 독특한 분위기가 사람들을 깊이 매료시켰다. 고야, 장 콕토, 마네, 피카소, 헤밍웨이, 바타유 등 저명인사 중에도 투우에 푹 빠진 사람이 많다. 특히 바타유는 《하늘의 푸른빛》에서 투우를 소의 희생 제의로 표현하기도 했다. 투우는 일종의 축제 의식이었으므로 민중에게 절대적 인기를 누리며 한때 스페인의 국기國技 대접을 받았다.

결투가 금지된 것처럼, 투우도 야만성 때문에 18세기 계몽주의 시대부터 규제 대상이 되었다. 우선 카를로스 3세가 1785년에 금지령을 내렸고, 카를로스 4세도 1805년에 금지령을 내렸다. 그러나 결투와 마찬가지로, 민중은 그 조치를 따르기는커녕 민속 행사로서의 투우를 옹호하며 더욱 열광했다. 그래서 최근까지도 투우 금지와 옹호의 공방전이 이어졌다.

유럽에서 예전에 유행한 동물 학대 쇼, '곰 사냥'과 '맹수 대결'은 르네상스 시대 이후 사람들의 기호가 변하면서 자연스럽게 사라졌다. 마지막 남은 스페인의 투우도 20세기 후반부터 동물 애호 단체로부터 강한 비판을 받았다. 말할 것도 없이,

소를 잔혹하게 죽이는 광경이 동물 애호 정신을 크게 자극했기 때문이다. 결국 투우는 중심지였던 바르셀로나에서도 금지되었다. 그 결과, 스페인에서는 투우 팬이 줄어든 만큼 축구 열혈 팬이 늘어났다. 이제 축구가 투우를 대신하게 된 것이다.

3

규칙이 도입되기 시작한 결투

무기 대결에서 경쟁 경기로

스포츠 사회학의 창시자인 엘리아스는 스포츠를 폭력성이 순화된다는 관점에서 문명화의 과정으로 보았다. 그의 보고에 따르면, 인간의 본능적 생존 경쟁이 전쟁으로 변하고 전쟁이 결투로 변하고 결투가 스포츠로 변하는 과정은 인류 문명의 발달과 연동해 왔다. 인간은 어느 시대든 서로 싸웠다. 이해, 종교, 세계관의 차이로 싸움을 벌이는 습성은 인간의 DNA에 새겨진 본성 같은 것이다.

인류는 싸움에서 이기기 위해 완력을 단련하는 것으로는 부족하여 곤봉, 검, 활, 창, 투석기, 철포, 대포 등의 무기를 끊임없이 고안했다. 그중에서도 전쟁에 특히 큰 변화를 가져온 것이 총과 대포다. 이 화약 무기가 등장한 후 인명 경시 풍조가 심해졌고 세계의 권력 지도가 확 바뀌었다. 공격형 무기가 발달하자 그에 대항하는 방어 무기인 투구, 갑옷, 방패도 급속히 발달했다. 이런 무기에 말의 기동력까지 갖춘 기사들은 전략적 가치가 매우 큰 집단이었다.

원시 무기인 돌은 고대뿐만 아니라 중세에도 쓰였다. 처음에는 돌을 단순히 던지기만 했으나 점점 끈과 원심력을 이용하여 멀리 던지는 방법이 개발되었고 팔이 달린 투석기도 등장했다. 돌은 중세의 전쟁터에서도 무기로 쓰이며 농성전에서 특히 큰 효과를 발휘했다. 앞서 등장한 중세 독일의 《마네세 가요 필사본》에서 그 농성전 모습을 엿볼 수 있다.

오른쪽 그림에는 성의 공방전이 그려져 있다. 수비 측이 성벽 위에서 바위를 떨어뜨리며 화살을 쏘고, 공격 측도 화살, 도끼 등으로 공격하고 있다. 수비 측에서는 귀부인들까지 전투에 참여하고 있으며 공격 측은 방패와 깃발을 들고 있다. 아래쪽에선 전사한 기사의 모습도 볼

| 성벽에서의 투석.

| 돌 던지기.

수 있다.

평상시에는 성안에서 투석 경기가 열렸다. 왼쪽 그림에는 중세 독일의 성백城伯[14]이었던 폰 리엔츠가 돌을 던지는 모습이 나와 있다. 비슷한 장면이 《니벨룽의 노래》에도 등장하는 것을 보면, 전쟁이 없을 때 성에서 투석 등 스포츠 경기가 열렸던 것이 분명하다. 이 경기들이 나중에 근대 올림픽의 해머던지기와 투포환 등으로 발전했다.

《작센 슈피겔》의 결투 규칙

제1장에서 페데와 결투의 역사를 설명하면서 둘 다 공평한 규칙을 지향한다고 말했다. 독일에서 가장 오래된 법전이라

---

14 독일어로는 부르크그라프Burggraf. 농산물이 많이 수확되는 넓은 지역의 영주(백작)가 아닌, 교역의 요충지에 성곽을 세워 놓고 통행세를 징수했던 성주.

고 알려진 《작센 슈피겔》에도 결투 규칙이 명시되어 있다. 여기에는 글을 모르는 사람도 규칙을 쉽게 이해할 수 있도록 그림 설명이 덧붙여져 있는데, 편찬자는 이런 방법으로 모든 결투자에게 규칙을 잘 이해시켜 원한

| 《작센 슈피겔》의 결투 규칙.

을 남기지 않으려 했을 것이다. 위 그림에는 재판관 앞에서 두 결투자가 맹세하는 모습이 그려져 있다.

　그 아래는 진검 결투를 표현한 그림으로, 결투를 정오에 시작하여 햇빛이 두 사람에게 공평하게 내리쬐도록 배려한 것을 알 수 있다. 무기, 복장, 머리 형태, 신발까지 똑같이 맞춘 것이 눈에 띈다. 방패는 한가운데만 철이고 나머지 부분은 나무와 가죽이라는 주석도 달려 있다. 중세 유럽의 분쟁 해결 수단이었던 이 결투 재판은 이후 근대 재판의 원형이 되었다.

| 두 명의 결투자와 네 명의 세컨드가 그려진 14세기 그림.

결투 재판의 규칙

결투 재판은 보통 야외에 설치된 원형 울타리 안에서 진행되었다. 이 관습은 스포츠의 형식에도 큰 영향을 미쳤다. 이 울타리가 코트, 혹은 링으로 변했고 싸움은 그 안에서만 해야 한다는 규칙이 스포츠 경기에도 그대로 적용된 것이다. 위 그림은 14세기의 결투 광경이다. 두 사람은 실전과 똑같이 투구를 쓰고 갑옷을 입고 방패까지 갖추어 완전히 무장한 상태다. 하늘에 떠 있는 천사는 배후에서 결투를 이끄는 신의 존재를 나타낸다. 두 사람은 싸움을 시작하기 전에 신 앞에서 맹세하고 울타리 밖에 각각 입회인 또는 세컨드를 세웠다. 입회인 수는 원래 한 명씩이었으나 나중에 두 명씩으로 늘어났다.

　뒤쪽에서는 심판과 응원객이 결투를 지켜보고 있다. 입회인은 결투에 직접 관여할 수 없었다. 하지만 심판의 지시나 결투자의 요청이 있을 때, 또는 결투 속행이 불가능할 경우 결투 중단을 선언할 수 있었다. 진검 결투에서 투구나 갑옷의 이음매를 공격당하면 크게 다치거나 치명상을 입을 수 있었기 때문이다. 그러면 중단을 먼저 선언한 쪽이 패자가 되었다. 반대로 결투에서 이긴 쪽은 정당성을 인정받았다. 결투의 승부가 신의 뜻으로 해석되었기 때문이다.

남녀의 결투, 여성끼리의 결투

　더욱 공평한 결투 재판을 위해 남녀 간의 결투 규칙도 만들어졌다. 남녀 간에는 체력 차가 있어 일반적으로 결투가 성립되지 않았지만, 가끔 도저히 결투를 피할 수 없는 상황이 발생했다. 남독일, 스위스 등지에서 활약한 결투 대리인 한스 탈호퍼가 1467년에 편찬한 《결투 책Fechtbuch》에 귀한 자료가 남아 있다.

　기사는 결투에 창이나 검을 사용했지만, 평민들은 정식 무기를 쓰지 않았다. 여성은 약 2킬로그램의 돌을 천으로 돌돌 말아서 썼고 남성은 몽둥이를 사용했다. 물론 여성은 보통 대

| 남녀 간 결투 규칙.

| 남성의 승리: 손의 끈을 풀고 여성을 구멍으로 끌어들였음.

| 여성의 승리.

| 여성의 승리.

리인에게 결투를 맡겼다. 간혹 직접 나설 때는, 대개 남편이 살해당하거나 여성으로서 남성에게 모욕을 당했을 경우, 또는 결투로 남녀 관계의 갈등이나 원한을 풀어야 할 때였다.

보통 여성은 남성보다 체력이 약하므로 남성에게 핸디캡을 주었다. 남성은 땅속 구멍에 하반신을 넣은 채 싸워야 했고 왼손은 몸에 묶여 있었다. 게다가 여성을 공격하는 데 실패하여 땅을 세 번 때리면 패배했다. 여성은 구멍 주위를 자유롭게 이동할 수 있었다.

이 결투의 목적은 상대를 죽이는 것이 아니라 상대의 전의를 빼앗아 결투를 포기하게 만드는 것이었다. 통상 여성은 어지간히 억울한 일을 당하지 않고서는 결투에 직접 나서지 않았다. 이와 관련하여 《아우크스부르크 연대기^{Chronik von Augsburg}》에는, 1511년의 남녀 간 결투에서 남성이 승리하여 여성이 왼손을 잘리는 벌을 받았다는 기록이 있다. 패배의 대가가 이렇게 가혹했던 것은 안이한 결투를 경계하기 위해서였을 것이다.

아래 그림에는 무기를 사용한 본격적인 결투에서 여성이 남성에게 승리하는 드문 광경이 나타나 있다. 15세기 스위스의 《차흐틀란 연대기^{Tschachtlanchronik}》에 나오는 그림이다.

기록에 따르면 남녀뿐만 아니라 여성끼리도 사적 결투를 벌였다. 앞에서 말했듯 그 형식은 힘겨루기, 맨손 싸움, 진검 결투, 권총 결투까지 다양했다. 남녀 간 또는 여성끼리의 결투는 대개 치정 문제에서 기인했으리라 생각하기 쉽지만 실제로는 결투를 통해 손상된 명예를 회복하려 했던 경우가 많았다.

| 여성의 승리.

결투 대리인 제도

명예를 훼손당한 사람이 결투 신청을 하고 싶지만 둘 중 하나가 용감한 기사가 아니라 고령자나 병자, 여성일 경우에는 어떻게 했을까? 특히 귀족 여성은 궁정의 암투에 휘말려 정절을 의심받는 일이 많았다. 그러나 여성이 직접 결투에 나서는 일은 거의 없었다. 앞에서 언급한 남녀 간 결투는 아주 예외적인 상황이었고, 당사자끼리의 결투가 어려울 때는 공평을 기하기 위해 보통 적당한 결투 대리인에게 결투를 위탁했다. 중세의 결투는 가문 전체의 명예가 걸린 큰 문제였으므로 대리인은 대개 가까운 친족이었다. 그만하면 결투 재판의 본질이 훼손되지 않았다.

그러나 친족 중 적당한 대리인이 없는 사람은 전문 결투 대리인에게 결투를 의뢰하기도 했다. 중세부터 그런 수요가 꽤 있었던 듯, 직업적인 대리인도 꽤 많았다. 그러나 제삼자인 대리인을 내세우면 결투의 본질이 훼손된다. 당사자끼리 분쟁을 해결한다는, 결투의 원래 목적을 달성할 수 없기 때문이다. 게다가 제삼자가 개입하면 신의 뜻으로 결투의 승부가 정해지고 정의가 실현된다는 기본적인 믿음마저 흔들린다.

결투 대리인의 등장은 나중에 소개할 흥행 측면에서는 좋은 평가를 받았을지 몰라도, 결투의 본질이나 대의명분을 심각하게 훼손했다. 그래서 결국 사람들이 결투에 갖고 있던 순수한 관심을 희석하는 결과를 낳았다. 그 결과, 16세기 이후 프랑스에서는 대리인 결투뿐만 아니라 공적 결투 재판 자체가 서서히 줄어들었다. 중앙 집권 국가였던 프랑스에서는 이후 모든 중대한 재판이 왕이 담당하는 고등 법원에 맡겨졌다. 프랑스 외의 다른 나라에서도 개인의 분쟁을 재판소가 해결하게 되었다.

이즈음 법정에서는 로마법에서 유래한 '규문주의糾問主義[15]'를 전면적으로 채택했다. 규문주의가 증거를 중시하는 방식이므로 얼핏 근대적이라고 생각하기 쉽지만, 실제로는 그렇지 않았다. 규문주의는 증거가 없으면 의지할 것이 자백뿐이었으므로, 판사들도 고문으로 자백을 끌어내는 것을 아무렇지 않게 허용했다. 특히 스페인의 이단 심문이나 독일의 마녀재판은 증거를 찾지 못해 고문으로 자백을 받아내는 경우가 수두룩했고, 그 결과 판사가 무고한 피고에게 거침없이 사형을 선고했다.

---

15 형사 재판에서 유죄, 무죄 등을 판단하는 자(판사)와 범죄를 규탄하는 자(검사)가 분리되지 않는 체제. 반대되는 개념은 탄핵주의彈劾主義. 현재 선진국에서는 압도적으로 탄핵주의를 채택하고 있다.

결투의 쇠퇴와 권총의 등장

근대로 접어들며 신분제가 붕괴하자 '노블레스 오블리주'는 고리타분한 말이 되었다. 거듭 말하다시피 새로운 지배 계급으로 올라선 부르주아는 결투에 관심이 없었다. 게다가 대다수 시민도 결투의 잔혹성에 혐오감을 느끼고 있었다. 독일에서 군대 장교들이 귀족을 대신하여 여전히 결투에 열을 올리고 있었지만, 어디까지나 예외적인 상황이었다.

그 결과, 공식 재판을 거치지 않고 당사자와 세컨드끼리 암암리에 불법 결투를 진행하여 분쟁을 해결하는 일이 오히려 늘어났다. 불법 결투가 적발되어도 처벌이 가벼웠던 데다, 불법 결투를 저지른 사람들은 왕과 안면이 있는 상류층이었기에 대부분 왕이 사면했다. 다만, 근대의 불법 결투도 규칙은 엄격하게 지켜졌다. 결투자들은 제삼자인 심판원을 통해 규칙을 정하고 무기도 통일했다.

무기는 근대 이후 검에서 권총으로 바뀌었다. 시대의 변화에 맞춰 소설에 러시안룰렛이 등장하여 화제를 불러일으키기도 했다. 이때 무기의 발전에 따라 결투의 무기도 권총으로 바뀌었다고 생각하기 쉽지만, 그것 때문은 아니었다. 진검 결투는 검술이 뛰어나고 완력이 좋은 사람이 압도적으로 유리했으나, 권총 결투에서는 방아쇠만 당기면 되었기 때문에 권총 결투가 빠르게 퍼졌다. 즉 개인의 능력이 결과에 그다지 영향을 끼치지 않아 더욱 공평하다는 이유였다.

야마다 마사루의 《결투의 사회문화사^{決鬪の社會文化史}》를 보면, 강선이 없는 권총 결투 1회의 사망률은 약 14퍼센트였다. 이는 진검 결투보다 오히려 낮은 수치였다. 그래도 결투의 야만성은 여전했다. 설사 공정성이 완벽하게 보장된다 해도 현대 시민 사회에는 잔혹한 결투가 발 들일 곳이 없었다.

4

결투가 오락이 되다

공개 결투 재판과 마상 시합

중세 이래 결투 재판은 대부분 공개로 진행되어, 왕의 임명을 받은 자가 심판을 맡아 정당성을 보증했다. 다음 쪽 그림에 묘사된 아우크스부르크의 공개 결투 재판 장면을 보면 두 결투자가 같은 검과 같은 방패, 같은 방호구를 갖추고 있다. 심판을 두고 울타리 안에서 싸우는 이런 결투에는 그림과 같이 많은 관중이 몰려들었다. 제5장에서 다시 분석하겠지만 공개 결투 재판은 도시에 사는 귀족과 시민의 최대의 볼거리였다. 결투가 오락이 되어 인기를 끌기 시작한 것이다.

공개 결투 재판은 야외 전투 시연에서 유래한 기사의 마상 시합과 유사한 이벤트였다. 공개 결투 재판에 참가할 기사들

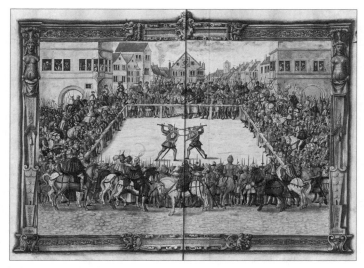

| 아우크스부르크의 공개 결투 재판. 1409년에 일어난 결투를 1544년에 그렸다.

은 보통 왕과 귀족이 주도하여 이웃 나라에서 모집했다. 행사
장 주변에는 천막이 설치되고 안전지대가 정해졌으며 진영별
로 기사와 하인이 배치되었다. 심판을 맡은 관리와 입회인이
규칙을 설명하고 나면 시합 개시를 알리는 트럼펫 신호가 울
렸다. 북소리가 전투 의욕을 북돋우는 가운데 실전을 방불케
하는 전투가 펼쳐졌다. 시합은 보통 4회전으로 진행되고 트럼
펫 신호가 울리면 종료되었다. 상대에게 붙잡힌 사람은 몸값
을 내야 했고 승자는 전리품으로 투구, 무기, 말을 가져갈 수
있었다. 마지막에 귀부인에게 승자 표창을 받는 일은 기사로

| 뉘른베르크의 마상 시합.

서 가장 큰 영예였다.

이 마상 시합은 왕, 귀족, 기사들뿐만 아니라 일반 민중에게
도 큰 인기를 끌었다. 그래서 관객의 편의를 고려하여 점점 교
외가 아닌 도시 광장에서 열리게 되었다. 위 그림에 1561년 뉘
른베르크의 도시 광장에서 열린 마상 시합이 묘사되어 있는
데, 트럼펫 소리와 북소리로 많은 관객을 불러 모아 행사를 진
행하는 모습이다. 이 시합에는 왕이나 귀족 같은 특권 계급이
주로 참여했다. 당일 쓸 장비를 마련하는 데만도 큰 비용이 들
었기 때문이다. 경기장 주변에는 울타리가 설치되었고 그 울
타리 안에는 기사뿐만 아니라 공격을 보조할 하인도 함께 들
어갔다. 이것은 일종의 오락이었으므로 구경하는 관객의 시

각적 만족도를 높이기 위해 기사와 말은 화려한 의장으로 장식했으며 창은 부러지기 쉽게 만들어졌다. 시민들이 이 구경거리에 열광하는 것도 당연한 일이었다. 도시에서 열리는 이런 마상 시합의 비용은 대개 지역의 의회나 귀족이 부담했다.

큰 인기를 끈 사격 대회

중세 이래 사격 대회는 시민들에게 크게 사랑받았다. 원래 중세의 모든 도시는 방어를 위해 시민들에게 활과 총 사격을 가르쳤기 때문이다. 대부분의 중세 도시는 주변에 장벽을 쌓았을 뿐 자체 병력은 거의 없었다. 물론 신성 로마 제국이나 유력 제후의 보호를 받았지만, 최소한의 방어력을 갖추기 위해 보통 30~50명 규모의 사격 단체를 만들고 정기 훈련을 했다.

이런 배경에서 유력한 영주들이 이웃 영지의 협조를 받아 사격 대회를 개최했고, 그것이 후세까지 이어졌다. 이 대회에는 근린 사격 단체뿐만 아니라 국경 너머 이웃 나라 참가자들도 모여들었다. 그 모습이 다음 쪽 위에 보이는 판화로 남아 있다. 1567년 바젤에서 제작된 이 판화에는 화승총 사수가 둥근 표적을 겨냥하는 모습과 석궁 사수가 새 모형을 겨냥하는 모습이 그려져 있다. 맨 오른쪽에 서 있는 인물은 판정을 내리는 심판이다. 여기에서 우승한 사람은 상금과 칭송을 받았다.

| 바젤의 사격 대회.

　나중에는 사격 대회에 경주, 투석, 삼단뛰기 등의 다양한 종목이 추가되면서 이웃 도시와 마을에서 참가자와 구경꾼이 몰려들었다. 현대의 체육 대회와 비슷한 이 행사는 중세 이후 독일 중부의 아우크스부르크, 팔츠 등지에서 유행했다. 또 인접한 스트라스부르, 취리히에서도 사격 대회와 체육 대회가 민중의 최대 오락거리가 되었다. 이처럼, 초기의 스포츠는 군사 훈련과도 밀접했다.

마을 축제의 스포츠 프로그램

　사격 대회뿐만 아니라 마을 축제도 공동체의 최대 관심사였다. 사람들은 단순히 먹고 마실 뿐만 아니라 다양한 이벤트를 즐겼는데, 이것이 현대의 게임이나 스포츠의 원형이 되었다.

| 마을 스포츠 축제.

위에 있는 16세기 작가 한스 제발트 베함의 판화를 보면 당시 마을 스포츠 축제의 모습을 대략 상상할 수 있다.

베함은 뉘른베르크에서 태어나 뒤러에게 판화를 배웠다. 그는 주로 춤, 경마, 경주, 볼링의 조상인 구주희九柱戲, 검무, 격투기, 나무 타기, 투석 등을 판화로 표현했다. 마을 축제에서 귀족들은 기마 시합에, 시민들은 사격 대회에 열광했다. 서민들은 스스로 고안한 단순한 오락을 즐겼다. 이것들은 모두 시간이 지나 스포츠가 되었다. 서민들의 놀이에는 여성과 아이도 참여할 수 있었다. 책에는 일부만 나와 있지만, 보이지 않는 화면 오른쪽에는 예배를 마치고 광장에 모인 사람들과 교회 건물이 그려져 있다. 이때 모든 경기는 규칙이 있었고, 그 규칙은 오락적 요소가 가장 중시되었다.

마을 결혼식의 '열쇠 경주'

촌락 공동체에서 가장 큰 행사는 결혼식이었다. 마을에 나이가 다 찼는데도 결혼하지 않는 여성이 있으면 마을 젊은이들이 몰려와 일종의 집단 괴롭힘인 샤리바리^{Charivari[16]}를 했다. 결혼식 잔치에는 마을의 모든 사람이 참석하여 젊은 부부를 축복하고 먹고 마시며 여흥을 즐겼다. W. 그로스터가 편찬한 《미신 사전》에 당시 결혼식의 색다른 이벤트인 '열쇠 경주'가 소개되어 있다.

> 북부 바이에른의 결혼식에는 독특한 풍습이 있다. 결혼 행렬이 교회에서 연회장으로 향하는 사이에 젊은이들이 맨발로 경주를 해서 신부 방의 열쇠를 쟁취하는 것이다. 목적지에 제일 먼저 도착한 젊은이가 금박을 두른 목제 열쇠와 …… 상금을 획득했다. 만약 다른 사람이 신랑보다 빨랐다면 신랑은 적당한 값

---

16 공동체의 규범을 어긴 자에게 야단법석을 떨며 의례적인 처벌을 내리는 행위. 원래 뜻은 냄비나 솥을 시끄럽게 두드려 남을 괴롭히는 일이다.

을 치르고 그 열쇠를 사야 했다.

이것은 결혼식 분위기를 돋우는 여흥의 일종이었는데, 이런 식으로 신랑이 신부를 위해 전력 질주하는 모습을 보여 주는 것은 열쇠에 상징적인 의미가 있었기 때문이다. 흔히 열쇠는 남성의 성기를, 자물쇠는 여성의 성기를 암시하므로 그런 의미에서 결혼식은 열쇠와 자물쇠의 결합을 선언하는 의식이었다. 따라서 '열쇠 경주'는 한 여성을 성적으로 쟁취하기 위해 남성들이 그녀의 방 열쇠를 가지고 다투었던 관습의 흔적일 것이다. 여기서도 스포츠에 경쟁적 요소와 오락적 요소가 있음을 알 수 있다.

5
규칙을 준수하며 칼을 휘두르기

멘주어는 합법인가 불법인가

스포츠 사회학자 엘리아스의 말을 들먹일 것까지도 없이, 민주주의가 실현된 현대 사회에는 당연히 야만적인 결투가 존속할 수 없다. 그래서 진검 결투는 1750년경부터 점차 스포츠로 변해 갔다. 사람들은 그때부터 방호구를 입고 안전한 결투를 추구했다. 결투의 목적 또한 '명예 회복'에서 '담력 시험, 용기 증명, 공포심 극복, 정신력 향상' 등으로 바뀌었다. 이런 과정을 거쳐, 결투는 기량을 겨루고 정신력을 단련하는 스포츠로 바뀌었다.

그 전형적인 예가 앞에서 말한 독일 학생 단체의 결투, '멘주어'다. 물론 멘주어도 17세기부터 18세기까지는 '명예 회복'의

| 1837년 괴팅겐에서 벌어진 멘주어. 초기라서 최소한의 방호구만 착용했다.

수단이었지만 시간이 흐를수록 '정정당당한 싸움' 그 자체가 목적이 되었다. 그래서 결국은 아무 원한도 없는 사람과 싸우게 되었다.

하지만 아무리 방호구를 쓰더라도 멘주어는 진검 결투다. 현재의 독일은 과연 이런 전통을 법적으로 허용하고 있을까? 공저자인 스가노 미치나리 씨가 《독일에서 결투한 일본인의 실록實錄 ドイツで決闘した日本人》에서 직접 설명한 내용을 요약하면 다음과 같다.

'1883년에 독일 제국 재판소가 멘주어를 위법 행위로 판결한 이래, 나치 시대까지 포함한 약 70여 년 동안 그것을 뒤집을 만한 판결은 한 번도 나오지 않았다. 그러나 1951년부터 1953

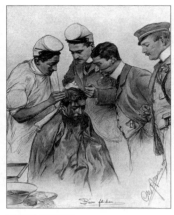

| 의사의 상처 처치.

| 결투 증서.

년 사이에 마침내 괴팅겐 멘주어 소송 사건이 일어났다. 카를스루에에 있는 독일 연방 최고 재판소가 상호 합의와 규칙에 따라 실시된 지정 멘주어를 합법으로 인정한 사건이다. 그때부터 지금까지 지정 멘주어는 합법이다.'

그러나 프롤로그에서 스가노 씨가 말했듯, 아무리 의사를 대기시켜 안전을 확보했다고 해도, 멘주어는 상해의 가능성이 큰 위험한 행위다. 그러나 독일과 오스트리아의 학생들은 그 사실을 알고도 여전히 멘주어를 한다. 멘주어 체험을 자랑스럽게 생각하는 학생이 끊이지 않기 때문이다.

위에는 1906년, 결투에 성공한 학생이 받는 결투 증서가 나와 있는데, 여기에는 이름, 소속 단체 이름, 세컨드 이름, 입회의사 이름, 의사 소견 등이 적혀 있다. 이것으로 결투자는 승패와는 관계없이 명예로운 결투를 마쳤음을 증명한다.

결투에서 펜싱으로

결투를 계승한 펜싱의 역사도 오래되었다. 먼저 이탈리아에서, 중세 유럽 기사들이 썼던 길고 가는 데겐, 외날인 세이버 등을 변형한 펜싱용 검이 등장했다. 그 후 18세기 중반 근대 유럽에서 결투가 폐지되고, 결투에서 분화된 펜싱이 등장했다. 이후 펜싱은 방호구를 사용하는 순수한 스포츠로 발전하여 제1회 올림픽 종목으로 선정되었다. 결투와 펜싱의 차이점을 다음 쪽 표에 정리해 두었다.

이렇게 결투와 펜싱을 비교해 보면 둘 사이에는 공통점이 많다. 그러나 둘의 본질은 다르다. 결투는 생명을 건 '도전'이고, 펜싱은 승부를 가르는 '게임'이기 때문이다. 이 차이야말로 야만적 결투와 스포츠를 구분하는 가장 중요한 특징이다.

펜싱의 세부 종목에는 찌르기인 플뢰레와 에페, 그리고 베기, 찌르기인 사브르가 있다. 여기서도 각 지역의 전통적인 결투가

| 1763년에 그려진 초기의 펜싱.

표3. 결투와 펜싱의 차이

	결투	펜싱
심판	판정인, 심판관	심판, 기기
지원	수행원	코치
목적	결투에 의한 진위	승패
마음가짐	신의 가호	자신감
장소	울타리 안	경기장 안
가치관	명예 보호, 기사도	정정당당한 경기, 스포츠맨십
사용 도구	양날 검	펜싱용 검
방호구	투구, 갑옷, 방패, 혹은 없음	마스크, 금속 재킷 등
위험성	죽느냐 사느냐	안전

스포츠로 변화한 흔적이 드러난다. 결투는 이같이, 투쟁 정신은 간직하고 야만성은 배제했다. 또 방호구와 안전장치를 새로 갖춤으로써 안전한 스포츠로 탈바꿈했다. 최근에는 더욱 공정한 판정을 위해 전자 심판 장치까지 도입되었다. 이런 과정을 거쳐, 예전에 결투로 지키려 했던 명예의 자리를 이제 스포츠맨십이 차지하게 되었다.

6 / 공놀이의 시대가 열리다

영국의 구기 종목이 전 세계로 퍼진 까닭

유럽의 스포츠는 기원에 따라 크게 두 가지로 나뉜다. 하나는 왕과 귀족이 즐겼던 기마 창 시합이나 사냥에서 유래한 승마, 펜싱, 양궁, 사격 등의 종목이다. 그리고 또 하나는 민간의 민속 행사나 축제, 또는 단체, 협회, 클럽의 오락에서 출발한 구기 종목이다. 크리켓, 골프, 테니스, 축구 등이 있다.

후자는 전부 영국 토속 놀이에서 유래한 종목이지만 그중 테니스와 축구는 예외다. 이는 근대 공립학교의 체육이나 클럽의 오락에서 유래했다. 원래 축구는 마을 축제에 포함된 마을 대항전 종목이었는데, 소의 방광을 가죽으로 감싸서 만든 공을 골대에 넣기만 하면 되는 단순한 게임이었다. 19세기까

| 잉글랜드의 초기 축구.

지 통일된 규칙도 없이 단순히 야산을 뛰어다니는 게임이었는데도 지역 주민들에게 절대적인 인기를 누렸다.

그러나 축구가 공립학교에 도입된 후로는 정해진 시간 내에 승부를 가리기 위해 '손을 쓰지 말 것', '상대의 발을 차지 말 것' 등의 규칙이 생겼다. 좁은 공간에서 경기를 진행하더라도 골대에 공이 너무 쉽게 들어가지 않도록 하려는 것이었는데, 이 규칙의 차이로 축구와 럭비가 나뉘게 되었다.

축구를 발전시키기 위해서는 통일된 규칙이 필요했다. 그래서 1863년에 영국의 근대화에 발맞춰 축구 협회가 설립되었다. 이때부터 축구가 공립 교육 기관을 벗어나 일반인까지 확대되었고, 영국뿐만 아니라 영국의 식민지에서도 인기를 누리게 되었다.

근대 스포츠는 영국에서 시작된 것이 많다. 자본주의가 영국에서 태어났기 때문이다. 그리고 식민주의의 대표 주자였던 영국은, 7개의 바다를 지배하며 식민지에 자국의 스포츠 문화를 급속히 보급했다. 식민지의 민심을 장악하는 데 스포츠가 제공하는 오락만큼 효과적인 도구가 없었기 때문이다. 실제로 영국의 제국주의가 세계를 제패한 시기와 근대 스포츠가 확대된 시기는 정확히 일치한다. 식민주의의 주체인 영국이 신체 단련과 부국강병 사이에 깊은 관련이 있다고 여겨 스포츠를 중시했기 때문이다. 그래서 영국은 자국의 학교뿐만 아니라 식민지의 학교에도 자신들의 스포츠를 적극적으로 보급했다.

세계의 인기 스포츠 10선

유럽의 스포츠는 신대륙인 미국까지 전파되어 야구, 미식축구, 농구 등 미국 특유의 스포츠로 진화했다. 제2차 세계 대전 후 유럽 열강의 식민주의는 무너졌으나 식민지 시절에 보급된 스포츠는 후세까지 계승되어 수많은 스포츠 애호가를 낳았다. 그중에서도 특히 세계화된 축구, 테니스 등의 선수들은 영웅 취급을 받았다. 미국은 스포츠가 발달한 덕분에 인종주의

표4. 2020년 기준 현대의 인기 스포츠 10선

	종목	추정 팬 수(명)	인기 국가, 지역
1	축구, 럭비	35억	유럽, 아프리카, 아시아, 미주
2	크리켓	25억	아시아, 호주, 영국
3	농구	22억	미국, 캐나다, 중국, 필리핀
4	필드하키	20억	유럽, 아프리카, 아시아, 호주
5	테니스	10억	유럽, 미주, 아시아
6	배구	9억	아시아, 유럽, 미주, 호주
7	탁구	8억 5000만	아시아, 유럽, 아프리카, 미주
8	야구	5억	미국, 일본, 쿠바, 도미니카공화국
9	미식축구	4억 1000만	주로 미국, 프랑스, 잉글랜드, 뉴질랜드, 남아프리카
10	골프	3억 9000만	유럽, 아시아, 미국, 캐나다

출처: sportsshow.net

를 뛰어넘은 '아메리칸드림'이 가능해졌고 스타 선수들이 등장했다.

스포츠는 현대에도 영웅을 만들어 내고 있다. 물론 선수가 스스로 노력하여 좋은 성과를 거둔 덕분이지만, 스포츠 선수가 영웅시되는 것은 스포츠에 대다수 국민의 감정이 반영되기 때문이다. 이렇게 국민의 관심이 쏠리다 보니 스포츠는 정치와도 무관하기 어렵다. 위 표에 세계의 인기 스포츠 10선을 소개하고 종목별 팬 수, 인기 있는 지역을 표시해 보았다. 참고로 상위 10위까지 모두 구기 종목이다.

제5장

축구와 히틀러의 연결 고리

1

제의였던 고대 올림픽

스포츠는 제의의 일종

제4장에서 결투가 스포츠로 변화하는 과정을 살펴보았다. 그런데 결투와 스포츠 시합 모두 지금까지는 결투자 또는 선수의 관점에서 이야기를 전개해 왔다. 하지만 이번 제5장에서는 선수뿐만 아니라 제삼자인 관객의 관점에서도 스포츠의 형성 과정을 살펴보려 한다. 관객과 선수 사이의 관계가 스포츠의 핵심 요소인 데다, 관객이 시합 자체를 좌우할 만큼 영향력이 크기 때문이다.

관전하는 관객이 있으면 시합이 진행되는 경기장뿐만 아니라 관객석에도 주목할 필요가 있다. 그다지 중요하지 않아 보이는 '시설' 또한 스포츠의 본질에 맞닿아 있는 중요한 요소다. 이런 관점으로 제5장을 진행할 텐데, 우선 고대 그리스의 올림픽부터 살펴보자.

고대 올림픽은 기원전 776년에 그리스 올림피아에서 처음 개최되었다. 처음에는 올림포스의 신들을 섬기는 제전이었으므로 모든 경기가 주신主神 제우스에게 바치는 제물이었다. 이 고대 올림픽은 기원후 393년까지 1169년간이라는 긴 세월 동안 이어졌다. 그리고 올림픽을 향한 고대 그리스인들의 열정은 정말 대단했다. 그들은 올림픽에 참가하기 위해 아테네에서 올림피아까지 330킬로미터를 걸어서 이동했다. 고대 올림픽에 사람들을 끌어당기는 특별한 매력이 있었던 게 분명하다.

고대 그리스인은 원래 승부를 좋아하여 스포츠뿐만 아니라 각종 예술 분야에서 경합을 펼치는 '아곤Agon 문화'를 즐겼다. 그래서인지 고대 올림픽은 이미 신, 선수, 경기장, 관중이라는 요소가 잘 갖춰져 있었다. 관중들에게도 올림픽은 최대의 즐거움이었다. 경기를 관람할 뿐만 아니라 성대한 잔치에 참여하여 신에게 바쳐진 소고기를 먹을 수 있었기 때문이다.

고대 올림픽의 성립 과정을 보면 스포츠가 제의에서 시작되었음을 확신할 수 있다. 신의 면전에서 치러지는 신성한 축제였으므로 부정이 철저히 배제되었고 살육이 금지되었다. 그래서 올림픽 기간에는 폴리스^{Polis}, 즉 도시 국가 간의 전쟁을 잠시 중단하는 것이 불문율이 되었다.

고대 올림픽의 경기 종목

올림픽은 4년에 한 번, 초여름 곡물 수확이 끝날 때쯤 개최된 자유 시민의 제전으로, 원칙적으로 여성이나 노예는 참여하거나 구경할 수 없었다. 선수는 폴리스를 대표한다는 생각으로 엄격한 훈련을 거친 후 이웃 폴리스와의 시합에 출전했다. 이 과정에서 일종의 지역주의가 생겨났다. 승자에게는 올리브 관과 축복이 주어졌는데, 이는 제우스 앞에서의 특별한 명예였다. 하지만 시간이 지날수록 승리에 집착하고, 승자가 영웅 행세를 하며 부조리가 늘어나는 등 신성한 제전이 타락하기 시작했다. 고대 올림픽에서도 이런 일이 일어났던 것을 보면 인간의 본성은 예나 지금이나 변함없는 듯하다.

고대 올림픽의 경기 종목이 종종 화제가 되니 여기서 잠시 소개하겠다. 초대 올림픽의 경기 종목은 약 192미터인 1스타디온짜리 단거리 경주 하나밖에 없었다고 한다. 그러나 회를 거듭함에 따라 중거리 경주, 창던지기, 레슬링, 원반던지기, 판크라티온^{Pankration} 등이 추가되었고 나중에는 마라톤도 추가되었다. 특별히 인기가 많았던 종목은 전차 경주로, 수많은 관중

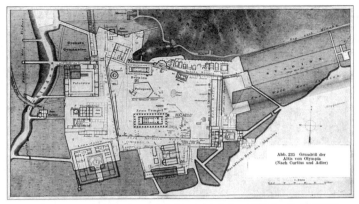

| 1908년 고대 올림픽 경기장 복원도. 중앙에 제우스 신전이 있고 오른쪽에 스타디온이 있다.

의 열광적인 성원을 받았다.

고대 올림픽은 로마가 그리스를 정복한 후에도 계속 개최되었으나 결국 393년에 폐지되었다. 고대 로마가 기독교를 국교로 정했기 때문이다. 제우스의 제전인 올림픽은 일신교인 기독교 교리에 어긋났기에 테오도시우스 1세가 폐지했다.

고대 올림픽과 근대 올림픽은 큰 차이가 있다. 고대 올림픽은 개최되는 동안 폴리스 사이의 전쟁을 중단한다는 불문율이 있었고, 그 원칙이 1169년간 꾸준히 지켜졌다. 하지만 근대 올림픽은 '평화의 제전'이라는 구호를 계승했음에도 제1차, 제2차 세계 대전이 일어나는 동안 개최가 중단되어 버렸다. 심지어 1980년의 모스크바 올림픽은 정치적인 이유로 대혼란을 겨기도 했다. 이 현저한 차이를 보면 고대 올림픽에서 신앙이 가지는 종교적 영향력이 얼마나 강했는지 실감할 수 있다.

한편, 스포츠는 원래 고대의 놀이에서 발달했다. 따라서 고대 올림픽도 점차 비일상적 오락의 요소를 지니게 되었다. 근대 올림픽도 이런 점을 이어받아 상업 자본의 거대한 시장으로 변해 갔다.

이제 앞으로는, 고대부터 이어진 극장형 스포츠가 어떤 과정을 거쳐 현대의 스타디움형 스포츠로 발전했는지 사회사적으로 개관해 보려 한다. 이를 통해 경기장, 선수, 관객으로 구성된 극장형 스포츠가 자아내는 열광의 근원을 찾아낼 수 있을 것이다.

이하 제5장 전체 하마모토 다카시

2

콜로세움, 허망한 유토피아

빵과 서커스

고대 유럽의 패권이 그리스에서 로마로 넘어간 후, 로마는 시민들에게 음식과 오락을 후하게 베풀었다. 그 오락을 제공할 때 중요한 역할을 한 장치가 오락용 원형 경기장인 콜로세움이다. 대략 5만 명을 수용할 수 있었고, 둘레가 527미터, 높이가 48미터에 이르렀다. 서기 72년부터 지어져 서기 80년에 개장했다.

콜로세움은 전형적인 극장형 격투기 경기장이었다. 여기서 노예들끼리 결투를 했고 검투사가 동물과 결투를 벌였으며 전차 경주와 모의 해전이 펼쳐졌다. 기독교도를 사람들 앞에서 처형하여 본보기로 삼은 곳도 콜로세움이었다. 고대 로마가 이런 대규모 오락을 제공할 수 있었던 것은 속주를 차근차근 확대하고 거기서 부를 수탈함으로써 수많은 노예를 거느린 강대한 계급 사회를 만들었기 때문이다. 로마 정부는 그 부의 일부를 로마 시민에게 환원한 셈이다. 이 특별한 공간은 주최자, 경기자, 시민의 중요한 접점으로 기능했고, 나중에는 스포츠 경기장의 원형이 되었다.

고대 로마는 공화제였을 때도, 제정이었을 때도 자유민에게 무상으로 곡물을 제공했다. '빵과 서커스'로 불리는 정책은 현대인에게 인류 역사에 다시 없을 유토피아처럼 보인다. 정부가 흥행으로 돈벌이를 하려는 것이 아니었으므로, 콜로세움에 무료로 입장했다. 그러나 이 모든 혜택은 고대 로마가 속주를 계속 확대하고 부를 수탈하여 만들어 낸 시대의 산물이었다.

식량을 안정적으로 공급하는 정책은 모든 로마 시민을 만족시켰다. 오락을 제공한 것도 인간의 본능을 충족시키기 위한 시책이었다. 기본 욕구가 충족되면 황제의 인기가 올라갈 테니, 정치가로서 이런 혜택을 베풀지 않을 이유가 없었다. 실제로 그 정치적 효과는 상당했다. 그러나 시민들이 점점 더 큰 자극을 요구하는 탓에 잔혹한 결투와 경기가 인기를 끌게 되었고 경기들은 점점 극단적이고 자극적으로 변했다.

관객이 생사를 결정한다

관중들은 잔혹한 경기 뿐만 아니라 응원하는 검투사가 어떤 경기를 펼치느냐에도 관심이 많았다. 오늘날 스포츠 팬처럼 자기 선수를 응원했다. 그래서 패배하더라도 좋은 결투를 보여 준 검투사는 살려줄 때가 많았다.

그 증거 자료가 마르탱 모네스티에의 《그림으로 보는 결투의 역사 Duels. Les combats singuliers des origines à nos jours》에 실려 있다. 바로 제국 검투사 양성소 출신의 인기 검투사 플라마의 승부 기록이다.

플라마의 기록은 34회의 결투 중 승리가 21회, 판단 불가가 9회, 졌지만 관중의 관대함 덕분에 살아남은 것이 4회다. 40회 이상, 심하면 50회나 되는 시합에서 여러 번 패배하고 살아남은 자도 있었다. 관객은 훌륭한 싸움을 보여 준 검투사를 오히려 감싸 주는 경향이 있었다.

그러나 관객은 변덕스러운 존재였으므로 패배한 검투사의 죽음을 요구할 때도 있었다.

정치가는 거대한 경기장을 건설함으로써 자신의 위신을 높일 수 있었다. 특히 날씨에 영향을 받지 않고 운영할 수 있는

| 콜로세움의 검투사와 관객.

시설은 경기를 원활하게 진행하기 위해 꼭 필요했다. 이 콜로세움은 후세의 대형 스타디움이나 돔구장의 원형이 되었다.

콜로세움이라는 거대한 극장 장치는 주최자, 관중, 선수라는 삼위일체로 구성되었다. 이 세 가지 요소는 오늘날 거대 스포츠 이벤트의 핵심이기도 하다. 콜로세움은 정치가에게는 민중을 만족시키는 장치였고, 안전한 곳에서 구경하던 시민에게는 흥미진진한 오락이자 피지배자의 일상적 스트레스를 발산할 기회였으며, 결투에 임한 전사들에게는 승리의 영광과 죽음의 고통을 오가는 치열한 싸움의 현장이었다. 이 세 가지 요소가 융합하여 만들어 낸 것이 바로 '열광'이다.

이런 결투는 극히 야만스러웠다. 결국 380년에 로마 제국이 기독교를 국교로 채택하면서 황제도 결투를 비판적으로 보기 시작했고, 시민들에게 빵을 나눠 주지 못할 때가 많아지면서 결투는 쇠퇴했다. 강대했던 로마 제국은 395년부터 서서히 붕괴했다. 퇴폐적인 결투가 로마 제국을 좀먹는 데 박차를 가했을지도 모른다. 아이러니한 일이지만, 결투와 고대 올림픽은 모두 기독교 때문에 종말을 맞았다.

3
열광의 또 다른 이름, 광장

이탈리아의 팔리오

이탈리아에는 팔리오^{Palio}라는 시내 경마 축제가 있다. 기록에 따르면 13세기에 시작된 전통이며, 그중에서도 피렌체의 메디치 가문이 주최한 팔리오가 가장 유명했다. 메디치 가문이 재력을 발휘하여 고액의 상금을 내걸고 팔리오를 진행할 때마다 피렌체는 열광의 도가니로 변했다. 팔리오도 정치 지배층과 관련이 있었던 셈이다.

이탈리아의 많은 도시가 팔리오를 계승했지만, 그중에서 시에나의 팔리오가 오늘날 제일 유명하다. 이 행사는 매해 여름에 2회씩 열린다. 7월 2일에 한 번, 성모 승천 대축일을 기념하며 8월 16일에 한 번이다. 마을 한가운데 있는 캄포 광장의 돌

바닥에 모래를 깔면서 시작된다. 이웃한 지역에서 결성된 17 개의 팀 중 10개 팀이 광장을 세 바퀴씩 돌며 속도를 겨룬다. 팔리오는 지역 밀착형 행사라서 관객의 반응이 무척 뜨겁다. 그만큼 관심을 끄는 축제여서, 기독교 축제와 융합하여 지금까지 계승되고 있다.

이처럼 지역 밀착형 스포츠에서도 경기자, 관객, 광장이라는 세 요소가 하나로 뭉쳐져 관객을 흥분시킨다. 거기에 지역성이라는 특별한 요소까지 더해지면 경쟁심이 더욱 증폭된다. 승자에게 찬사를 보내던 것이 열광으로 변한다. 이런 구조가 지역 내 팔리오의 분위기를 극도로 고조한다.

유럽의 스포츠는 광장의 크기와도 밀접한 관계가 있다. 유럽 어디를 가든 아이들이 광장에서 축구공을 가지고 노는 것을 볼 수 있다. 그러나 광장은 누가 봐도 야구를 하기에는 어려운 환경이다. 의외로 이것이 유럽에서 축구가 인기를 끌고 야구가 찬밥 신세인 이유일지도 모른다. 이런 현상을 보며 광장과 스포츠 사이의 깊은 연관성을 추측할 수 있다.

드래곤 퇴치 축제

오락거리가 적었던 시대에는 축제에 굵직한 볼거리를 연속으로 넣어 사람들의 관심을 끌 필요가 있었다. 그래서 유럽 각

도시의 축제에서 드래곤  퇴치 공연이 큰 인기를 끌 었다. 여기에는 기독교 사 상이 큰 영향을 미쳤다. 성자의 승리를 표현하는 그림이나 조각에서 이 사 상이 잘 드러나는데, 드 래곤을 악의 상징으로 간

| 드래곤을 퇴치하는 13세기의 성 게오르기우스.

주하여 철저히 제거해야 한다고 믿 은 것이다. 이런 사상은 성 게오르기 우스가 악의 화신인 드래곤을 퇴치 했다는 전설에서 유래했다.

도시마다 드래곤 전설이 있으므 로, 유럽의 축제 대부분에 성 게오르 기우스 역을 맡은 기사가 괴물 드래

| 모스크바의 문장.

곤을 퇴치하는 모습을 담은 공연이 포함되어 있다. 모스크바 는 이 전설을 상징하는 표식을 도시의 문장에 넣었다.

체코 국경 근처의 독일 도시 푸르트임발트에서도 축제 중에 드래곤 퇴치 전설을 재현한다. 해설을 들어보면, 이 축제는 역 사가 500년이나 되었으며, 전설로 전해지는 드래곤의 습격은

후스 전쟁 때 후스파※가 침공한 사건을 상징한다고 한다. 축제 기간이 8월이라 공연이 야외에서 진행되므로, 관람객은 길이가 16미터나 되는 거대한 드래곤이 시내 광장에 설치된 관람석 바로 앞에서 화염을 토하며 날뛰는 모습과 성 게오르기우스가 등장하여 드래곤을 용감하게 제압하는 모습을 생생하게 볼 수 있다. 요즘은 최신 기술 덕분에 드래곤이 스스로 움직이므로 상당히 생생하다. 필자도 공연을 보고 그 박력에 압도되었다. 실제 공연을 보니 성 게오르기우스 전설이 사람들에게 그토록 사랑받으며 도시의 상징으로까지 쓰이는 이유를 충분히 이해했다.

남프랑스 부슈뒤론주 타라스콩의 타라스크 축제도 유명하다. 이 축제는 타라스콩 지방을 황폐하게 만든 타라스크라는 이름의 드래곤을 성녀 마르트가 길들였다는 고사에서 유래했으며, 축제 시기는 6월 24일인 성 요하네의 날에 가장 가까운 금, 토, 일요일이다. 참고로 전설에 등장하는 타라스크 드래곤은 타라스콩의 동쪽 경계를 흐르는 론강의 범람을 상징한다고 한다. 이처럼 드래곤 퇴치 전설을 활용한 축제 공연은 예나 지금이나 수많은 관객을 불러 모으는 인기 이벤트로 활약하고 있다.

공개 처형은 혁명 광장의 드라마

프랑스 혁명의 현장인 혁명 광장에는 원래 루이 15세의 기마상이 설치되어 있었으나, 혁명 이후 철거되고 단두대가 세워졌다. 혁명파는 루이 16세, 마리 앙투아네트 등 왕족과 귀족을 차례차례 단두대에 세워 자신들의 승리를 증명했다. 그들은 단두대를 높은 단 위에 설치하여 누구나 처형 장면을 쉽게 볼 수 있도록 했으므로, 광장은 말 그대로 일종의 극장이 되어 버렸다. 이 비극은 처형당하는 측이 주연, 승리자 측이 조연, 구경하러 나온 수많은 사람은 관객 겸 단역이 되었다. 사람들에게 이처럼 강렬한 드라마를 보여 주는 것도 치열한 대결의 연장선상에서 계획된 일이었다.

혁명파가 마련한 단두대는 사실 단숨에 숨통을 끊는 인도적인 처형 장치였다. 하지만 사람들의 눈에는 그저 끔찍한 흉기로 보였다. 혁명파는 광장에서 공개 처형을 집행하며 지켜보는 사람들을 위협했다. 이는 일종의 극적 장치였다. 고대 로마의 콜로세움에서 관중의 요구에 따라 패배자를 처형한 것처럼, 혁명파도 민중의 요구에 따라 단두대에서 처형을 집행했다. 그러면 민중은 그 드라마를 지켜보며 오랫동안 쌓인 울분을 풀었다. 그 결과 광장의 단두대는 1,000명이 넘는 왕족과 귀족의 피를 머금었다.

| 루이 16세의 처형.

　프랑스 혁명은 원래 봉건적 왕과 귀족, 그리고 봉기한 민중의 대결이었다. 그러나 뒤로 갈수록 혁명파의 내부 항쟁으로 변했다. 자코뱅 독재의 중심인 로베스피에르마저 테르미도르 반동으로 체포되어 단두대 앞에 서게 되었다. 권력 투쟁에 패배한 죄로 왕과 귀족들의 뒤를 이어 공개 처형의 주인공이 된 것이다. 피로 피를 씻은 이 잔혹한 권력 투쟁은 혁명파와 반혁명파까지 쑥대밭으로 만들어 놓고야 드디어 막을 내렸다. 이후 혁명 광장에는 '콩코르드 광장'이라는 이름이 붙었다. 하지만 그 피비린내 나는 역사를 돌이켜 보면, 조화라는 뜻의 '콩코르드Concorde'가 붙은 이름은 오히려 조롱처럼 들린다. 관객을 끌어들이는 극장형 이벤트에는 관객을 이처럼 비정상적인 열광의 도가니 속으로 빨아들이는 무서운 힘이 있다.

4
근대 올림픽의 얼룩들

근대 올림픽 정신

고대 올림픽이 폐지된 후 약 1500년이 지난 1896년, 제1회 근대 올림픽 대회가 그리스 아테네에서 개최되었다. 고대 올림픽의 땅이었던 아테네에서 근대 올림픽이 개최된 데에는 특별한 의미가 있었다. 근대 올림픽이 고대 올림픽과 연결되어 있다는 전설을 만들 수 있었기 때문이다.

근대 올림픽 대회는 9개 종목, 육상, 수영, 체조, 레슬링, 사격, 사이클, 테니스, 역도, 펜싱과 43개 세부 종목으로 구성되었다. 규모는 그리 크지 않아서 남자 선수 241명이 참가했는데, 이는 고대와 비슷한 수준이었다. 참고로 참가 인원이 자료마다 다르게 기록된 것은 등록만 하고 출전하지 않은 선수들 때문인 듯하다. 근대 올림픽은 규모가 작아서인지 19세기부터 유럽에서 개최된 만국 박람회의 아류라는 말을 듣기도 했다.

근대 올림픽의 창설자인 쿠베르탱 남작은 '육체와 정신의 일치'라는 교육적 이념과 '평화의 제전', '아마추어리즘[17]'이라는 이상을 지향했다. 그러나 이런 추상적인 이념은 실질적으로 계승되지 못했다. 오히려 쿠베르탱의 친구 디동 신부가 말한 '더 빠르게, 더 높이, 더 강하게$^{Citius, Altius, Fortius}$'라는 경쟁주의적 구호가 살아남았다. 그리고 근대 올림픽은 메달 획득 경쟁 및 국위 선양의 장으로 점점 변해 갔다.

이런 현상은 그리스에서 시작되었다. 제1회 올림픽 마라톤 경기에서 우승한 무명의 그리스인 스피리돈 루이스에게 온 나라가 열광하여 그를 영웅으로 떠받들었다. 그리스의 황태자가 결승선 앞에서 루이스와 함께 달렸다는 이야기도 입에서 입으로 전해졌다. 그러나 왕의 선물을 받고 국민 영웅까지 된 루이스는 국민의 선물을 전부 거절하고 이후에는 마라톤 대회에도 거의 출전하지 않으면서 평범한 시민으로 살았다고 한다. 이 이야기는 고대 올림픽 선수의 긍지를 말해 주는 일화로 지

---

17 스포츠를 생계의 수단이 아닌 즐기기 위한 활동, 자아실현을 위한 도전으로 여기는 사고방식

| 초대 마라톤 우승자 스피리돈 루이스 선수(왼쪽 3명 중 1명). 1896년.

금까지 남아 있다.

　당시에는 스포츠를 직업으로 삼는 사람이 없었다. 스포츠가 상업주의에 물들기 전이어서 그런 발상 자체가 없었다. 본래 아마추어리즘이 스포츠의 원점이었던 것을 생각하면, 현대 올림픽은 상업 자본과 결탁하며 얼마나 변질되었는지 알수 있다. 한편, 루이스에게 쏟아진 열광적인 관심은 스포츠는 본질적으로 국가주의와 결부되기 쉽다는 사실을 보여 준다.

　한편, 마라톤에 얽힌 또 다른 의외의 사실이 있다. 고대에 전승 보고를 하기 위해 마라톤에서 아테네로 목숨을 걸고 뛰었던 한 병사의 이야기가 마라톤 경기의 기원이라고 알려져 있는데, 이것은 사실이 아니다. 쿠베르탱 등이 마라톤의 흥행을 위해 꾸며낸 이야기였다.

지금까지 올림픽은 미국 등 구미 선진국의 선수들이 압도적인 성과를 거두어 왔다. 이처럼 근대 올림픽은 쿠베르탱의 의도와는 상관없이 스포츠의 국제화를 촉진하고 제국주의 시대에 국가주의를 크게 자극했다. 올림픽이 스포츠의 정치화를 부추기기도 했다. 올림픽 종목으로 선정된 스포츠가 빠르게 세계화되다 보니, 이후 추가된 다른 종목들은 이미 자리 잡은 스포츠의 인기를 따라잡을 수 없었다.

근대 올림픽은 1900년 제2회 파리 올림픽에서 획기적인 변화를 겪었다. 여자 선수를 받아들인 것이다. 남성의 전유물이었던 스포츠가 여성에게 문호를 개방한 이 사건은 사회 전반에 영향을 미쳤고, 여성의 사회 진출 운동과 함께 상승효과를 일으켰다. 따라서 남성의 직업으로만 여겨지던 분야에 여성이 진입했다는 소식은 스포츠 세계에도 같은 변화를 촉진했다. 오늘날 여자 선수들이 대활약을 펼치는 모습을 보면 스포츠와 사회가 끊임없이 연동한다는 사실을 실감하게 된다.

성화 봉송, 전설의 연출

1936년 베를린 올림픽은 나치 독일이 국위를 선양하기에 더

| 성화의 시각화와 관중.

없이 좋은 기회였다. 처음에 떨떠름한 반응을 보였던 히틀러
도 올림픽이 국위 선양과 선전에 매우 효과적이라는 사실을
깨닫고 태도를 바꾸었다. 독일은 베를린 올림픽의 감동을 최
고조로 끌어올리기 위해 '성화 전설'을 떠올렸다. 올림픽 선수
출신의 체육학자 카를 딤이 고대 올림피아에서 가져온 불씨
를 성화로 삼아, 여러 주자가 교대로 스타디움까지 전달한다
는 일종의 드라마를 구상한 것이다.

  이것은 얼핏 전설적인 고대 의례를 재현한 것처럼 보인다. 성
화를 점화하는 의식은 제우스의 불을 프로메테우스가 훔쳤
다는 신화를 바탕으로, 고대 올림픽에서부터 실시되었기 때
문이다. 사실 성화 재현은 1928년에 암스테르담 올림픽에서

| 성화 릴레이 경로.

이미 등장했지만, '성화 릴레이'라는 발상은 베를린 올림픽이 처음이었다. 비록 허구에 바탕을 둔 의식이었지만, 성화 릴레이는 전 세계에 고대 올림픽의 발상지인 올림피아와 올림픽의 땅 베를린이 연결되어 있다는 메시지를 전파했다. 성화 릴레이 실황이 라디오로 중계되었을 뿐만 아니라 성화가 지나가는 곳마다 응원객이 몰려들었으므로 시각적 효과도 컸다. 여러모로 매우 효과적인 기획이었던 셈이다.

이같이, 고대 그리스 올림픽과 1936년 베를린 올림픽을 일체화하려는 구상이 성화 릴레이라는 드라마로 완성되었다. 한 명이 1킬로미터를 담당했으므로 3,075명의 주자가 필요한 데다, 수많은 많은 관중까지 끌어들였으니 시각적 효과도 상당했다. 알고 보면 스포츠라는 무대 위에 역사의 연속성을 교묘히 연출한 속임수였다. 심지어 독일은 성화 릴레이를 통해 게르만족이 고대 그리스 문명을 계승했다는 식으로 신화까지 날조했다.

| 성화 릴레이의 최종 주자 프리츠 실겐.

시각적 효과는 최종 주자가 올림픽 스타디움의 성화대에 불을 붙이는 장면에서 절정을 맞았다. 성화 릴레이는 올림픽이 무대, 주연, 관객이라는 연극적 요소를 갖추었다는 사실을 온 세상에 확실히 보여 주었다. 그 덕분에, 고대 올림픽 발상지인 올림피아에서 채화한 성화를 개최국의 성화대까지 가져오는 방식이 지금까지 변함없이 이어지고 있다.

올림픽과 정치

베를린 올림픽 당시 성화의 경로는 유럽 십자군이 이슬람을 정벌하러 떠났던 경로였다. 또한 이 경로는 나중에 제2차 세계

| 리펜슈탈.

| 히틀러와 리펜슈탈.

대전 중 나치 독일의 발칸 침공 작전에 이용되어, 아이러니하
게도 그리스를 점령하는 데에 도움을 줬다. 올림피아에서 베
를린에 이르는 이 '성화의 길'에는 이처럼 심오한 의미와 복잡
한 정치 상황이 얽혀 있다. 그리고 이 성화의 감동은 나치 시대
에 활약한 여성 영화감독 레니 리펜슈탈 덕분에 더욱 커졌다.
그녀가 만든 올림픽 다큐멘터리 영화 〈올림피아^{Olympia}〉와, 나
치 전당 대회를 기록한 영화 〈의지의 승리^{Triumph of the Will}〉는 영
화라는 매체가 얼마나 강력한 정치적 영향력을 끼치는지 세상
에 증명했다.

　베를린 올림픽은 정치로 얼룩진 올림픽이었다. 나치는 아리
아 인종 우위론을 바탕으로 국위 선양을 하려 했고, 미국은
의도적으로 흑인 선수를 다수 참가시켜 자국의 자유주의를

선전하려 했다. 올림픽의 이면에서 벌어진 이런 정치적, 사상적 대립은 결국 제2차 세계 대전까지 이어졌다. 올림픽이 인종주의에 이용된 것을 보면 역시나 스포츠와 전쟁의 뿌리가 하나라는 사실을 인정할 수밖에 없다.

그 후에도 새로운 올림픽 이벤트 아이디어가 이것저것 등장했으나 이 성화 릴레이를 능가할 만한 것은 아직 없었다. 고대 역사를 재현하는 연출 외에 최근 눈에 띄는 것은 올림픽이 점점 거대한 상업주의 이벤트가 되고, 개최국의 국위 선양을 위해 이용된다는 점이다. 하지만 최근에 이 릴레이의 허구성이 올림픽의 본질을 왜곡한다는 비판이 많아져서 성화 관련 의례는 다소 간소해지는 경향이다.

5

나치즘을 있게 한 매스 게임

아레나라는 무대

나치는 중세의 분위기가 아직 짙게 남아 있는 뉘른베르크를 전당 대회의 거점으로 삼았다. 대회장은 건축가 출신의 정치가 알베르트 슈페어의 주도하에 1933년부터 본격적으로 건설되었다. 당의 주임 건축가였던 슈페어는 건축을 활용하여 당의 위용을 선전하려 했다. 1941년 당시 건설 중이었던 뉘른베르크 대회장의 배치도가 다음 쪽에 나와 있으니 한번 살펴보자.

슈페어는 대회 동안 30만~40만 명의 참가자가 이곳을 방문할 것으로 예상하여 철도를 부설하고 임시 열차를 증설했다. 그리고 두첸트타이히 역과 마르츠 광장 역을 신설하고 근

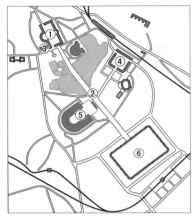

| 뉘른베르크 전당 대회장 배치도.

처 도로에 고속도로 나들목을 만들었다. 또 참가자들이 숙박을 해결할 수 있도록 거대한 야영장을 가설하고 야외 식당도 만들었다. 참가자들에게는 보조금도 지급되었으므로 교통, 숙박, 식사 부담은 거의 없었다.

가장 중요한 시설은 1933년부터 1937년까지 건설된 루이트폴트 아레나(지도의 ①)다. 총 수용 인원은 15만 명, 관객석은 5만 석이었다. 영화감독 리펜슈탈이 1934년의 전당 대회를 기록한 영화 〈의지의 승리〉에서 집중적으로 조명한 덕분에 세계적으로 유명해졌다. 모양은 좌우 대칭이며 수평 방향의 확장성이 강조되는 구조다.

그리고 배치도를 보면, 부지 한가운데에 폭 40미터, 길이 2킬로미터의 넓은 길이 나 있다. 통칭 '총통의 길'(②)인데, 전당 대회에서는 똑같은 제복을 입은 사람 15만 명이 이 길을 둘러싸고 서 있었다.

그다음이 비교적 소규모인 루이트폴트 홀(③)로, 180×50미터 규모에 1만 6000명을 수용할 수 있었으므로 주로 전당 대회 중 회의를 진행하는 데 사용되었다. 이곳은 243쪽에 소개한 전당 대회 프로그램에 나와 있듯이, 히틀러가 바그너의 오페라를 자주 들었던 장소이기도 하다.

'체펠린 비행장Zeppelinfeld'이라는 이름으로 알려진 광장(④)도 유명하다. 1909년에 여기서 체펠린Zeppelin 비행선이 이착륙했다고 하여 이런 이름이 붙었다. 규모는 362×378미터이고 북측에 길이 360미터, 높이 20미터의 스탠드가 있다. 슈페어는 이곳을 페르가몬 신전의 제우스 제단처럼 만들려 했다. 실제로 이 스탠드는 터키의 유적을 베를린으로 그대로 옮겨 놓은 것이다. 체펠린 광장은 32만 명을 수용할 수 있었고 관객석에는 7만 명이 앉을 수 있었다.

독일 스타디움(⑤)도 슈페어가 설계한 건물로, 평면 540×445미터, 높이 82미터, 수용 인원 40만 5000명 규모의 거대한 경기장이었다. 그러나 1937년 8월부터 공사를 진행하던 중에 전쟁이 발발했고, 1942년에 공사가 중단되었다. 가장 큰 규모를 자랑하는 마르츠 광장(⑥)도 마찬가지다. 25만 명의 관객석을 설치하는 공사가 1935년부터 진행되었으나 1943년에 중단되어 지금처럼 미완으로 남게 되었다.[18]

나치 전당 대회의 프로그램

전당 대회의 테마는 해마다 달라졌지만 기본 일정은 매해 거의 똑같았다. 대회 기간 내내 뉘른베르크는 나치즘의 상징인 하켄크로이츠Hakenkreuz 깃발로 뒤덮였고 도시 전체가 야릇한 열기로 가득 찼다. 나치는 이 깃발에 신성한 의미를 부여했으므로 개인이 허가 없이 전당 대회 이외의 목적으로 이 깃발을 사용하는 것을 금지했다.

전당 대회 관계자들은 나치의 축제가 열린다는 소식을 영화나 라디오 등 대중매체를 통해 일반 국민에게 널리 알렸다. 그래서 '히틀러 만세Heil Hitler', '승리 만세Sieg Heil'라는 구호, 나치식 경례, 나치당 당가인 〈기를 높이 내걸어라Die Fahne hoch〉, 전당 대회의 음악, 행진곡, 공연 작품 등이 일반 국민의 일상 속으로 스며들었고 그 덕분에 그 시대만의 특이한 풍조가 형성되었다. 그러면 이제, 나치 전당 대회 프로그램의 개요를 소개하겠다. 아래 내용은 디츠펠빙어 등이 저술한 《매혹과 폭력:

---

18 원서에서는 독일 스타디움이 평면 540×445미터, 높이 82미터, 수용 인원 40만 5000명 규모로 설계되었다고 나와 있으나 이것은 현재의 규모이고, 원래는 길이 800×450미터, 높이 100미터로 설계되었다고 일반적으로 알려져 있다. 또한 마르츠 광장의 설계상 수용 인원은 25만 명이 아닌 16만 명이었던 것으로 알려져 있다.

뉘른베르크의 나치당 전당^{Faszination und Gewalt: das Reichsparteitagsgelände in} _{Nürnberg} 》을 참고하여 필자가 정리한 것이다.

1일 차 / 도착 인사의 날

뉘른베르크에 도착한 히틀러가 민중의 환영을 받으며 숙소 '독일 호텔'로 들어간다. 그리고 밤에는 바그너의 오페라 〈뉘른 베르크의 명가수〉를 감상한다. 당원들도 뉘른베르크로 속속 결집한다.

2일 차 / 전당 대회 개최일

오전에 나치 독일의 청소년 조직인 '히틀러 유겐트^{Hitler Jugend}' 에 소속된 약 1,500명의 청년이 도이처 호프로 행진하고, 히틀 러는 발코니에 나와 그들을 환영한다. 오전에는 돌격대가 히틀 러와 함께 루이트폴트 홀로 이동한다. 히틀러는 거기서 바그너 의 오페라 〈리엔치〉를 감상한다. 돌격대는 선두에 '피의 깃발 _{Blutfahne}'을 올리고 루이트폴트 아레나에서 행진하기 시작한다. 히틀러 대행인 루돌프 헤스는 전당 대회의 개회를 선언한다. 그 리고 밤이 되면 히틀러의 연설이 시작된다. 낮이 아닌 밤에 연설 한 이유는 청중의 감성에 호소함으로써 연설 효과를 극대화하 기 위해서였다.

3일 차 / 근로 봉사의 날

체펠린 광장에서 근로 봉사 기념식을 개최한다. 미리 정해진 프로그램에 따라 교육부장 로젠베르크와 선전부장 괴벨스가 연설한다. 밤에는 1만 명의 나치 지도자가 횃불 행렬에 나선다.

4일 차 / 정치 지도자의 날

이날의 핵심은 정치 지도자들의 '엄숙한 시간'이다. 밤에 약 9만~14만 명의 정치 지도자가 체펠린 광장에 정렬하여 히틀러의 연설을 듣는다. 3만 개 이상의 깃발이 주변을 감싸고 투광기가 만들어 낸 간접 조명이 하늘을 비추면 마치 무한한 돔 같은 공간이 생겨났다. 여기서 히틀러는 교주처럼 지도자들을 축복했다.

5일 차 / 단체 경기와 공동체의 날

1937년 이후에 추가된 일정이다. 이날은 '일체화'를 위한 '공동체의 날'로, 체조, 승마, 경주, 수영, 모의전 등의 경기, 흰 제복을 맞춰 입은 히틀러 유겐트 여자부의 집단 체조 등이 진행된다. 그 외에 흥미 위주의 오락 프로그램도 다수 포함되어 있었다.

6일 차 / 히틀러 유겐트의 날

나치는 차세대를 이끌어 갈 인재를 양성하기 위해 히틀러 유겐트를 특히 중시했다. 이날 오전에 4만 5000명의 히틀러 유겐트 남성 단원과 5,000명의 여성 단원이 스타디움에 모이면, 히틀러 유겐트 지도자인 발두어 쉬라흐가 개회 인사를 한 뒤, 히틀러가 연설했다. 남녀 청년들은 시 낭독과 합창 공연을 펼치며 히틀러에게 충성을 맹세했다.

7일 차 / 돌격대와 친위대의 날

10만 명 이상의 돌격대와 친위대가 각 민족 공동체의 대표가 되어 루이트폴트 아레나에 정렬한 뒤, 히틀러와 함께 피의 깃발을 들고 '망자를 위한 의식'을 진행한다. 그리고 대열을 이뤄 뉘른베르크 시내를 행진한다. 시내의 관중들은 행진이 더 잘 보이는 자리를 차지하려고 서로를 밀쳤다.

8일 차 / 국방군의 날

체펠린 광장에서 군사 시연이 진행된다. 전차와 항공기, 대포 시연, 1만 8000명 규모의 군대 행진 등이 펼쳐지고 비행선 힌덴부르크호도 상공에 등장한다. 밤에는 히틀러가 전당 대회를 마무리하는 연설을 했다.

전당 대회와 신체 운동

앞서 말했듯 나치 전당 대회는 일상에서 벗어난 축제 기간인 동시에, 사상과 선전 면에서 나치에게 매우 중요한 행사였다. 그들은 자신의 사상을 대중에게 침투시키기 위해 전당 대회를 극히 미학적으로 구성하여 많은 사람을 홀렸다. 그런데 나치의 미학이란 과연 무엇이었을까?

그들은 전당 대회에 엄청난 수의 사람을 동원해 놓고 그들의 개성을 다 지워 버렸다. 획일화된 대중으로 변한 사람들은 일사불란하고 가지런한 집단미美를 형성했다. 마치 전체주의 정치를 시각화한 듯한 그 광경은 평면화한 수평 공간을 잘 활용하여 만들어 낸 작품이었다. 전당 대회를 담은 영상을 보면 수평 공간에서 집단의 움직임이 잘 드러나는 것을 알 수 있다.

| 전당 대회의 전사자 추모 의례.

깃발을 들고 제복을 입은 수많은 당원이 행진하는 모습은 마치 대륙의 평원에서 물결을 일으키듯 진군하는 군대처럼 보인다. 그러다 행진이 중단되는 순간 그 물결이 부동의 오브제로 변한다. 이 행진에 참여한 사람은 모두, 자신이 방관자가 아니라 그 일원으로 헌신하고 있음

| 여성들의 집단 체조.

을 자각하게 되었다.

　왼쪽 사진에는 왼쪽에 힘러, 가운데에 히틀러, 오른쪽에 루체가 나란히 서 있는 모습이 찍혀 있다. 이들은 루이트폴트 아레나의 전사자 묘 앞에 세워진 세 개의 하켄크로이츠 깃발을 등진 채, 앞에 있는 피의 깃발에 경례하고 있다. 이 광경을 보면 제1차 세계 대전의 전사자, 나치의 수뇌부, 피의 깃발, 친위대뿐만 아니라 이곳을 둘러싼 모든 나치 당원들이 하나의 평면 위에서 시간을 초월하여 일체로 융합한 듯한 느낌이 든다. 이 의례는 이처럼 모두가 참여하는 형식을 택함으로써 큰 공감을 불러일으켰다.

체펠린 광장은 루이트폴트 아레나와 비슷한 구조였지만 규모가 훨씬 컸다. 그래서 그곳은 군사적으로 사용되었을 뿐만 아니라, 수평 공간을 통해 집단의 미학을 표현하는 집단 체조에도 효과적으로 활용되었다. 나치의 미학은 히틀러 외의 개인을 전부 배제하고 전체가 모든 것을 삼켜 버리는 구조를 만드는 것이 목표였다. 개인주의와 대치되는 전체주의적 공간을 만들어 내고자 한 것이다. 하지만 그런 나치마저도 전당 대회에 오락적 요소를 도입하여 대중을 끌어들이려고 노력했다.

6

스포츠는 거대한 연극이다

스포츠와 연극의 카타르시스

올림픽이나 월드컵 등은 극장형 스포츠의 전형이다. 현대의 이 거대한 기획은 연기하는 선수, 지도하는 감독과 코치, TV, 인터넷, 신문 보도를 포함한 관중, 그리고 경기장으로 구성된다는 점에서 연극과 유사하다. 유명한 파리의 오페라도 똑같이 연기자와 관객, 극장으로 구성되니 말이다. 스포츠에는 줄거리가 없고 연극에는 정해진 줄거리가 있다는 점이 다르긴 하지만 관객은 스포츠와 연극을 똑같은 오락으로 여긴다. 오락의 목적은 기분 전환이나 스트레스 발산이다. 하지만 그것이 기분 전환에 그치지 않고 더 큰 반작용을 일으킬 때가 있는데, 그 이야기는 뒤에 다시 하기로 하자.

축제도 비슷한 역할을 한다. 고대 인류는 단조로운 일상에서 벗어난 비일상적인 이벤트가 필요해서 축제를 만들어 냈다. 민속학자 야나기타 구니오에 따르면 일본인은 예로부터 비일상을 '하레의 날晴れの日', 일상을 '게의 날褻の日'로 구분했다고 한다. 그래서 게褻가 시들어枯れ '게가레褻枯れ19'가 되면 축제와 같은 의례를 열어 병과 죽음 등 부정한 것을 정화하고 풍요가 회복되기를 기원했다는 것이다. 스포츠와 연극도 마찬가지다. 비일상적인 스포츠 이벤트도 축제처럼 일상을 정화하는 역할을 한다.

이와 관련하여, 고대 그리스 철학자 아리스토텔레스는《시학》에서 비극의 카타르시스 이론을 펼쳤다. 그 이론을 요약하자면 다음과 같다.

'관객이 비극에 감동하여 눈물을 흘리는 것은 비극이 일종의 카타르시스 작용을 하기 때문이다. 사람들이 비극을 보러 오는 것도 그 때문이니, 극작가는 관객들이 최대한의 카타르시스를 느낄 수 있도록 줄거리를 짜내야 한다. 물론 여기 언급된 카타르시스란 긍정적인 개념으로, 정신을 정화하여 우울

---

19 일상이라는 뜻의 게褻와, 시듦이라는 뜻의 가레枯れ의 합성어. 현대에 와서는 '더러움, 추악, 불결'이라는 뜻으로 쓰이고 있다.

감과 불안을 해소하는 것을 가리킨다.'

이 이론은 오랫동안 희곡의 주류를 이뤘다. 그런데 20세기가 되자 극작가 브레히트가 감동을 냉정하게 분석해야 한다는 '서사극' 이론을 제기하며 이전의 서정적 연극을 비판했다. 나치의 전당 대회와 선전으로 만들어진 감정적 반응이 파시즘과 정치 운동에 이용되어 세계를 위험에 빠뜨린 것을 이미 보았기 때문이다. 브레히트는 그처럼 무비판적으로 감동하다 보면 체제에 이용당하기 쉬우므로 연극에도 정서적 감동을 억제하는 '서사성'을 도입해야 한다고 주장했다. 그래서 극 중에 해설자를 등장시켜 문제를 제기하는 등 다양한 서사 장치를 선보였다. 그러나 여전히 연극 이론의 주류는 아리스토텔레스의 카타르시스 이론이 차지하고 있다.

필자 역시 아리스토텔레스의 이론이 관객 대부분에게 받아들여진 덕분에 연극이 지금처럼 발전할 수 있었기에 그의 비극론이 아직 유효하다고 생각한다. 그렇다면 그 이론으로 스포츠가 자아내는 열광적인 감정도 분석할 수 있지 않을까? 스포츠는 비극이 아니지만 분명 연극처럼 사람들에게 감동을 주고, 새로운 세계로 몰입하게 만드는 드라마가 있다. 관객은 직접 경기에 참여하지 않으면서 선수와 감정적, 정신적으로 동화되어 같은 감격과 흥분을 느낀다. 그러면서 쌓인 스트레스도 해소된다. 극장형 스포츠는 이와 같은 동화 작용을 통해 열광과 카타르시스를 만들어 낸다.

분명 스포츠는 감동적인 드라마다. 그러나 스포츠에 열중했을 때 발생하는 카타르시스는 양날의 검과 같다. 건전한 사회적 카타르시스는 비일상 공간을 만들어 일상의 스트레스나 우울함을 발산하도록 돕는다. 그래서 많은 사람이 스포츠에 열중하는 것이다. 반면, 그처럼 강력한 감정은 정치와 결부되면 큰 반작용을 낳을 수 있다. 앞에서 그 전형적인 사례인 나치 전당 대회를 분석해 보았는데, 열광의 부작용을 더 자세히 알고 싶은 사람에게는 리펜슈탈의 기록 영화인 〈의지의 승리〉를 찾아보는 것을 추천한다. 그 영화를 보면 당시 사람들이 어떤 감정 변화를 겪었을지 지금도 충분히 공감할 수 있을 것이다.

열광과 국가주의

스포츠에 너무 몰입한 나머지 현장에서 감정이 폭주할 때가 있다. 그래서 특정한 스포츠 경기를 따라다니는 과격한 집단도 생겼다. 그중 유럽에서 유명한 것이 축구 훌리건[Hooligan]이 종종 일으키는 폭동 사건이다. 그 직접적 계기는 음주 및 판정 불만일지 몰라도 근본적인 원인은 훌리건이 일상에서 맞닥뜨리는 모순일 것이다. 단, 그들은 일시적인 감정 폭발로 폭력을 행사하는 것일 뿐 정치적인 의도는 거의 없다.

한편 국제화한 극장형 스포츠는 몰입과 카타르시스뿐만 아니라 국가주의를 초래하는 경향이 있다. 더 나아가 그 국가주의는 특정 인종의 선수를 향한 인종 차별로 발전하기 쉽다. 단, 이런 국가주의와 인종주의는 매우 감정적인 반응이라서 경기가 종료되자마자 확 줄어드는 특징이 있다. 그러나 문제는 스포츠에서 발생한 감정을 일부러 정치와 결부하려는 사람들이다. 정치가 중에는 국민의 결속을 꾀하려고 스포츠가 불러일으키는 감정을 활용하거나 국위 선양을 위해 올림픽 메달을 이용하려는 사람이 많다.

올림픽은 원래 국가의 경쟁이 아니라 개인의 경쟁이었다. 그러나 시간이 흐를수록 국가 간 경쟁이 치열해졌고 심지어는 메달을 따기 위해 한 나라의 선수단이 단체로 약물을 주입하는 사태까지 벌어졌다. 이것 역시 정치와 스포츠가 얼마나 밀접한 관계에 있는지 말해 주는 현상이다. 스포츠와 국가주의를 직접적으로 결부한 전형적인 사례가 앞서 소개한 나치 치하의 베를린 올림픽이었다. 그뿐만 아니라 최근에도 국제 스포츠 시합에서 특정 국가를 겨냥한 정치적 혐오 운동이 벌어졌다는 소식을 들었을 것이다.

스포츠는 공평한 규칙에 기초한 인간의 도전이다. 다만 이 것은 원래 선수의 출신이나 인종을 따지지 않는 개인 간의 경 쟁을 의미하는 개념이었다. 오늘날 패럴림픽 정신은 우리에게 스포츠의 본질이 무엇이냐는 중요한 질문을 던지고 있다. 불 리한 조건을 배려하며 순수한 스포츠맨십을 중시하는 이 새 로운 조류는 과도한 국가주의를 배제하고 스포츠의 원점으 로 돌아가자고 우리에게 외친다.

인간이라는 원점으로 돌아가면, 영웅은 국가를 초월하고 인종 차별의 감정도 녹이고 장애인을 가로막은 담장도 걷어낸 다. 분명 스포츠는 국가주의와 세계시민주의, 프로와 아마추 어, 영웅과 패자, 극기와 유희라는 모순된 양극단을 우리에게 보여 준다. 그런 의미에서 싸움의 다른 형태인 스포츠를 다시 한번 생각할 필요가 있다.

최근 국제화의 흐름에 힘입어 국내에서도 외국 출신 선수들 이 점점 더 활약하고 있다. 테니스, 육상 단거리, 농구 등에서 그들의 비중이 늘어나는 것은 필연적이고도 바람직하다. 이 것은 스포츠의 인종주의를 불식할 다양성의 시대가 왔음을 알리는 징후다. 특별히 럭비 월드컵의 외국 출신자 규정이 매 우 유연해졌다는 점에 주목할 필요가 있다. 전 세계적으로도 외국 출신 선수가 각국 리그를 채우고 있다. 그들의 존재는 전통적인 국적의 개념을 크게 확대했을 뿐만 아니라, 스포츠 선수의 국적에 대한 문제의식을 일깨워 준다. 이런 현상을 보며, 가까운 미래에 일어날 스포츠의 변화가 새로운 시대의 조류를 선도할 것을 기대해 본다.

결투의 미학과 스포츠의 미학

신체의 미학

미술과 건축은 물질을 통해 최종적으로 작품을 만들어 미의 극치를 형상화하는 분야다. 이 책의 주제인 결투와 스포츠역시 신체를 통해 최종적으로 미학을 추구하는 분야다. 그러나 결투의 미학과 스포츠의 미학은 음과 양의 관계에 있다. 지금까지 결투는 대다수에게 부정당하며 음지에 숨어 있었다. 결투를 부정하는 사람들은 결투의 미학을 어리석은 망상으로치부하거나 진정한 미학과 동떨어진 저급하고 무가치한 착각으로 여겨 왔다. 심지어 무기를 가지고 싸우는 것 자체를 비인간적인 야만 행위라며 비난하기도 했다.

그런데도 결투의 역사는 끊임없이 사람들을 매료해 왔다.

그래서 문학 작품에서 묘사되는 것만으로도 많은 사람의 관심을 끌었다. 결투에는 용기, 극도의 중압감을 견디는 정신력, 죽음의 공포를 이기는 힘 등이 필요하다. 사실 거의 모든 결투가 엘리트 귀족이나 장교들 사이에서 일어났으므로 결투란 노블레스 오블리주를 발휘할 기회이기도 했다. 승자가 되면 자존심과 명예심을 만족시킬 수 있었지만, 한편으로는 상대를 죽이거나 다치게 했다는 트라우마와 스트레스를 견뎌내야 했다. 심지어 패자가 되면 자신의 인생뿐만 아니라 가문 전체의 앞날이 위태로워졌다.

반면 스포츠의 미학은 모든 선수가 추구해 온 양의 세계다. 단, 스포츠의 미학은 체조나 피겨의 훌륭한 기술, 단체 경기의 화려함 등 한정된 아름다움을 가리키는 개념이 아니다. 스포츠의 본질에 충실하여 신체를 극한까지 단련하고 피땀 흘려 노력한 끝에 승리를 거머쥔 선수의 기쁨, 투쟁심, 극기심, 명예심, 자존심, 그리고 패자를 칭송하고 위로하는 마음 등 다양한 감정이 융합된 스포츠맨십이야말로 진정한 스포츠의 미학이라 할 수 있다.

승자뿐만 아니라 최선을 다한 패자에게도 미학이 존재한다. 그래서 스포츠라는 싸움이 사람들을 매료하고 감동을 준다. 그 미학은 선수뿐만 아니라 관객에게도 큰 영향을 미친다.

그렇지 않고서야 현대 사회에서 스포츠가 이렇게나 사랑받을 리가 없다. 모든 신문, TV, 인터넷 매체가 스포츠에 하나의 영역을 할애하고 있으며 스포츠맨십은 일상의 다양한 분야에서도 필요한 덕목으로 여겨지고 있다.

그렇다면 결투의 미학과 스포츠의 미학은 어떤 점이 비슷할까? 지금까지 말했다시피 결투와 스포츠는 뿌리가 같으므로 당연히 공유하는 요소도 많다. 그중 가장 큰 공통점은 처음부터 인간의 DNA에 포함되어 있었던 경쟁 본능일 것이다. 결투와 스포츠는 신체를 통해 구현되는 미학이므로 당연히 신체의 아름다움이 가장 중요하지만, 구조적으로 보면 정신 및 사회적 요소도 매우 중요하다. 따라서 예전에 의학, 생리학 등 자연과학 분야에서 신체론을 연구했다면 현대에 와서는 스포츠 문화인류학, 스포츠 사회학 분야의 학자들이 스포츠의 사회적 측면을 연구하고 있다.

그런 관점에서, 결투와 스포츠는 미적 요소뿐만 아니라 육체적, 정신적, 사회적 요소도 매우 중요하다는 특성을 공유하는 표리일체의 관계라고 할 수 있다. 그리고 보면 결투와 스포츠는 요즘 유행하는 반지성주의와도 관련이 있다. 지금 반지성주의를 언급하는 것이 뜬금없어 보일지도 모르지만, 결투는 본질적으로 반지성적인 행위이다. 스포츠 역시 훈련에 포함된 기합, 폭력적 지도, 반론을 허용하지 않는 상하 관계 등 반지성적 요소를 가지고 있다.

어쩐지 스포츠 관계자들에게서 "그건 스포츠와 무관한 일이고 지금 당신의 발언은 스포츠의 본질을 왜곡하고 있다."라는 반론이 빗발칠 것 같지만, 결투와 스포츠가 살아 있는 인간의 신체를 통해 이루어지는 행위인 이상, 본질적으로 반지성주의와 결부될 수밖에 없다. 지금부터 이 문제를 차근차근 살펴보자.

결투와 스포츠, 반지성주의, 포퓰리즘의 연쇄

반지성주의는 미국의 역사학자 호프스태터가 1960년대 초, 자신의 저서 《미국의 반지성주의》에서 처음 사용한 말이다. 물론 그가 '반지성주의'라는 개념을 신체론과 결부시킨 것은 아니다. 그는 제2차 세계 대전 이후에 대두한 극단적 반공주의자들의 정치 행동 중 악선전으로 정적을 공격하는 정치 수법을 '반지성주의'라고 지칭했다. 즉 반지성주의란, 의회에 침투한 좌익을 색출하고 공산주의를 배제하기 위해 적당히 만들어 낸 정치적 입장을 의미하는 말이다.

호프스태터는 이 책에서 1952년의 미국 대통령 선거를 언급했다. 당시 민주당 후보로는 지성파 엘리트인 애들레이 스티븐슨이, 공화당 후보는 아이젠하워 장군이 출마했다. 모두가 스티븐슨의 압도적 승리를 예상했지만 실제로는 아이젠하워가 압승을 거두었다. 심지어 1960년의 대통령 선거도 똑같은 양상이었다. 호프스태터는 전자를 지성주의자, 후자를 반지성주의자로 명명하고 미국 건국 당시 청교도의 역사까지 거슬러 올라가 당시 반지성주의가 이긴 이유를 찾고 반지성주의의 특징을 분석했다.

여기서 반지성주의와 정치 문제를 더 자세히 설명하지는 않겠지만, 어쨌든 정치 경력이 전무했던 군인 출신의 아이젠하워가 반지성주의의 전형으로 꼽힌다는 점에 주목할 필요가 있다. 그 연장선상에서 지성주의와 반지성주의를 다음 쪽과 같이 도식화해 보았다.

'반지성주의자'라는 말을 교양 없는 사람, 지식을 부정하는 사람이라는 뜻으로 쓴 것은 결코 아니다. 반지성주의의 키워드는 신체 또는 육체다. 그것은 이성과 반대되는 감정, 직감, 순발력, 그리고 힘의 논리다. 반지성주의는 소위 열정이나 충동과도 밀접한 관계가 있으며 그 근저에는 논리가 배제된 비합리주의가 있다. 그러나 이것은 선악 판단의 대상이 아니라, 단순히 감성적이고 순간적으로 세상을 판단하는 태도를 말한다. 즉 인간의 타고난 동물적 능력을 우선하는 태도라 할 수

지성주의	반지성주의
정신적	육체적
이성	감정(열정), 충동
지적 논리	힘의 논리
숙고	직감
합리주의	비합리주의
사고의 유연성	고정관념을 고집
계몽주의	낭만주의
세계시민주의	국가주의, 지역주의
민주주의	포퓰리즘
도시	지방, 고향
세계화	자국제일주의
민주주의	개인주의, 카리스마 숭배
융화	외적外敵의 설정

(필자 작성)

있는데, 이 태도가 결투와 스포츠에서만 발휘된다면 아무 문제가 없을 것이다.

그러나 지금까지 살펴보았듯 결투와 스포츠, 특히 극장형 스포츠는 감동과 충동이 카타르시스를 통해 관객에게 전파되는 구조를 띤다. 그래서 모든 스포츠는 사회성 혹은 정치성을 내포하고 있으며 위의 도표에서 언급된 개인주의, 국가주의, 지역주의와도 무관하기 어렵다.

필자가 이 책의 에필로그에서 반지성주의를 거론하는 이유는 특히 극장형 스포츠가 사람들을 흥분시켜 카타르시스를 느끼게 하는 경향이 강하기 때문이다. 거듭 말하지만, 그 가장 극단적인 사례인 나치즘이 자체적으로 극장형 시공간을 만들어 사람들을 세뇌했으며, 돌격대와 친위대를 앞세워 있는 힘껏 총통을 옹호하고 반대 세력을 차단했다. 또 나치는 스포츠를 매개 삼아 그 힘을 양지로 끌어내 정치에 철저히 이용했다. 나치즘의 본질은 세상만사를 합리적으로 판단하는 지성주의와 대극을 이루는 전형적인 반지성주의다. 그런 의미에서 나치즘의 역사도 이 책의 주제와 깊은 관련이 있다.

　　현대인이 스포츠에 열광하는 이유도 궁극적으로는 정치와 깊이 관련되어 있고, 그 둘 사이에 반지성주의가 개입해 있다. 최근 미국의 현실을 생각하면 이해가 쉬울 것이다. 최근 미국에서는 스포츠 대국의 모습과 트럼프 전 대통령의 포퓰리즘, 그리고 반지성주의가 연동하고 있다. 이런 주장을 하려면 구체적 사례를 하나하나 검증해야겠지만 그 이야기에 더는 지면을 할애하기 어려우니 결론만 이야기하겠다. 스포츠에 열광하는 사람들은 거대한 에너지 덩어리를 만들어 낸다. 그 에너지는 어디서 나와서 어디로 가든 상관없이 직감적이고 정서적이며 직접적이고 비합리적인 경향을 보이며 강자의 논리에 따라 움직인다. 현대의 정치 선동가들은 그 에너지를 정치에 연동시키는 방법을 아주 잘 알고 있다. 그들은 직접적 이해 문제, 자국 중심주의, 가상의 적을 이용하여 사람들을 부채질한다. 게다가 지금은 그 에너지가 SNS를 통해 순식간에 퍼지므로 사회 전반에 막대한 영향을 미친다.

반지성주의는 미국만의 현상이 아니다. 유럽에서도 반이민의 물결 속에서 자국과 개인의 이해에만 충실한 사람들이 반EU의 조류에 동참하고 있다. 영국의 EU 탈퇴, 독일의 '독일을 위한 대안당Alternative for Germany' 출현, 프랑스의 '국민 연합당National Coalition Party' 약진에도 포퓰리즘이 영향을 끼쳤을 것이다. 최근의 코로나 사태가 또 어떤 조류를 만들어 낼지 알 수 없지만, 확실히 EU에서도 스포츠 열광, 반지성주의, 포퓰리즘의 연쇄가 나타나고 있다. 이같이 스포츠가 점점 세계화되고 반지성주의가 득세하며 반EU 포퓰리즘 운동이 연쇄적으로 일어나는 현상을 분석하면 유럽이 지금 어디로 나아가고 있는지 이해할 수 있을 것이다.

하마모토 다카시

공저자 스가노 씨가 독일에서 자신이 직접 경험한 진검 결투를 이 책의 프롤로그에서 소개했다. 그는 그때의 경험을 《독일에서 결투한 일본인의 실록》이라는 책으로 엮어 출판했는데, 그 책의 홍보 문구에 이런 말이 있다.

'문호 괴테, 철학자 니체, 정치가 비스마르크는 물론이고 지금의 정계와 재계를 이끌어 가는 독일 엘리트의 대부분이 결투를 경험했다. 이들의 조상인 게르만족 기사들은 결투를 통해 고귀한 야만성을 지향했다. 일본의 무사도와도 일맥상통하는 그들의 결투 문화를 세세히 관찰하고 분석하여 이 책에 기록했다.'

다만 프롤로그에도 나와 있듯, 스가노 씨가 체험한 결투는 중세처럼 승패를 가리기 위한 행위가 아니라 검에 다치거나 죽을지도 모른다는 공포를 극복하고 정정당당한 싸움을 거쳐 한 인간으로 완성되기 위한 행위였다. 물론 의사를 배석시킨

합법적인 행위이기도 하다.

그럼에도 특이한 체험을 기록한 책이라 큰 반향을 일으켰다. 많은 독자가 "요즘 독일에서 진검으로 결투를 한다고요?"라며 놀라움을 표했다. 점점 커지는 호기심에 박차를 가하듯, 2019년에 스가노 씨는 TV 아사히의 〈대박 희귀한 사람을 데려왔다激レアさんを連れてきた〉라는 버라이어티 프로그램에 출연하여 화제를 모았다. 그러나 그는 모두의 상상과는 다르게 소위 '상남자 타입'이 아니다. 그는 독일 유학을 마친 후에 대학교 교원이 되었고, 결투 경험을 바탕으로 독일 학생 단체 브루센샤프트를 다루는 연구 논문을 써서 박사 학위까지 취득한 학구파다.

스가노 씨가 이 책을 함께 쓰자고 제안했을 때, 전에 다른 유럽문화사 책을 공저한 경험이 있는 필자의 머릿속에 퍼뜩 떠오른 건 '유럽사를 결투라는 렌즈로 들여다볼 수 있는 독특한 책이 되겠구나.'라는 생각이었다. 또 스포츠를 결투의 연장선상으로 바라봄으로써 결투라는 주제를 역사적으로 검증할 수 있을 듯해 그 제안을 선뜻 받아들였다.

이 책 전반에서 유럽 결투사를 정리하고 분석하는 일을 스가노 씨가, 전반의 연장선상에서 스포츠와 문화, 사회, 정치 문제를 분석하는 일을 필자가 담당했다. 물론 공저인 만큼 표현을 통일하고 논지를 부드럽게 전개하면서 전체 내용을 균형 있게 구성하려고 애썼다. 다만 책임 소재를 분명히 하기 위해 담당자를 본문에 명기했다.

마지막으로, 필자가 제5장에서 스포츠를 드라마와 연관 지어 분석하고 관객의 관점에 초점을 맞춘 것을 의아하게 생각하는 독자가 있을 듯해 이 후기에서 그 취지를 설명하려 한다.

결투의 목적은 승부를 가리는 것이지만 그 과정에는 드라마가 있다. 승자는 영광, 충족감, 기쁨을 누리고 패자는 굴욕과 슬픔을 맛본다. 스포츠도 마찬가지로, 흥분과 열광을 자아내며 승부의 긴장감 속에서 한 편의 드라마를 완성한다. 이 드라마는 마치 도박과도 같이 사람을 끌어당긴다. 스포츠를 이렇게 드라마의 관점으로 분석하려면 관중에게 초점을 맞추는 것이 중요하다. 이전의 스포츠 연구자들은 선수에게 초점을 맞춰 그 기량을 평가했을 뿐 관중은 외면해 왔다. 그러나 관중의 관점까지 고려하여 스포츠를 관찰하면 제5장에서 말했듯 결투와 스포츠에 관련된 많은 문제를 훨씬 더 자세히 분석할 수 있다.

필자는 젊을 때 독일 연극론을 연구했다. 뷔히너와 브레히트를 주로 다루었는데, 그중에서도 브레히트의 희곡을 실제로 여러 번 관람했다. 그 덕분에 아리스토텔레스의 희곡 이론,

카타르시스 이론, 서사 연극 이론을 제5장에서 설명할 수 있었다. 그 내용의 판단은 독자 여러분에게 맡기겠다.

이 책의 출판에 가와데쇼보신샤 편집부의 와타나베 시에 씨에게 큰 신세를 졌다. 코로나 대유행이라는 미증유의 사태 탓에 스케줄이 계속 변동되었는데도 이 책의 가치를 높이 평가하고 출판에 애써 주셨다. 그리고 같은 회사 편집부의 마치다 마호 씨가 편집에 큰 도움을 주었다. 두 분에게 진심으로 감사하다는 인사를 전하고 싶다. 이 책이 특정한 계층의 취미 영역에만 머물지 않고 유럽사나 스포츠문화론에 관심이 있는 일반 독자들에게도 널리 읽힌다면 저자로서 더한 기쁨이 없겠다.

하마모토 다카시

参考文献

アリストテレース・他(著)、松本仁助・他(訳):『詩学』・他 岩波文庫 1997年

石川栄作(訳):『ニーベルンゲンの歌』(後編) ちくま文庫 2011年

岩淵達治:『反現実の演劇の論理』河出書房新社 197 年

カレン・アームストロング(著)、塩尻和子(他訳):『聖戦の歴史』柏書房 2001年

楠戸一彦:『ドイツ中世後期の剣術と剣士団体』溪水社 2020年

グラント・オーデン(著)、堀越孝一(監訳):『西洋騎士道事典』原書房 1991年

坂上康博:『スポーツと政治』山川出版社 2001年

桜井万里子・他編:『古代オリンピック』岩波新書 2004年

芝健介:『ヒトラーのニュルンベルク』吉川弘文館 2000年

菅野瑞治也:『ブルシェンシャフト成立史』春風社 2012年

菅野瑞治也:『実録 ドイツで決闘した日本人』集英社新書 2013年

スティーヴン・ビースティ(イラスト)、アンドルー・ソルウェー(著)、松原國師(監訳):
『図解 古代ローマ』東京書籍 2004年

タキトゥス(著)、泉井久之助(訳註):『ゲルマーニア』岩波文庫 1979年

田中紀行:「ドイツ教養市民層の社会学的考察」、『社会学評論』41 (2)日本社会
学会 1990年

玉木正之:『スポーツとは何か』講談社現代新書 1999年

中野好夫:『人間の死にかた』新潮選書 1969年

成瀬治・他編:『ドイツ史 D～D』山川出版社 1996-7年

野田宣雄:『ドイツ教養市民層の歴史』講談社学術文庫 1997年

ノルベルト・エリアス・他(著)、大平章(訳):『スポーツと文明化』法政大学出版局
2010年

浜本隆志:『鍵穴から見たヨーロッパ』中公新書 1996年

浜本隆志:「ナチス時代の祝祭」溝井裕一・他(編)『想起する帝国』(所収) 勉誠
出版 2016年

浜本隆志:「神明裁判と動物裁判」、『關西大學文學論集』57 (1)關西大學文學
會 2007年

原求作:『プーシキンの決闘』水声社 1998年

ハンス ＝ ヴェルナー・プラール(著)、山本尤(訳):『大学制度の社会史』法政大学出版局 1988年

樋脇博敏:『古代ローマの生活』角川ソフィア文庫 2015年

藤野幸雄:『決闘の話』勉成出版 2006年

フランツ・キュモン(著)、小川英雄(訳):『ミトラの密儀』ちくま学芸文庫 2018年

マルタン・モネスティエ(著)、大塚宏子(訳):『図説 決闘全書』原書房 1999年

三浦權利:『図説 西洋甲冑武器事典』柏書房 2000年

モンテスキュー(著)、野田良之・他(訳):『法の精神 上・中・下』岩波文庫 1989年

リチャード・バーバー(著)、田口孝夫(監訳):『図説 騎士道物語』原書房 1996年

リチャード・ホーフスタッター(著)、田村哲夫(訳):『アメリカの反知性主義』みすず書房 2003年

山田勝:『決闘の社会文化史』北星堂 1992年

ユルゲン・コッカ(編著)、望田幸男(監訳):『国際比較・近代ドイツの市民』ミネルヴァ書房 2000年

Baldick, R.: *The Duel. A History of Duelling*, London 1965.

Baldick, R.: *The Duel*, New York 1965.

Below, G. v.: *Das Duell und der germanische Ehrbegriff*, Kassel 1896.

Below, G. v.: *Das Duell in Deutschland. Geschichte und Gegenwart*, Kassel 1896.

Benz, W. u. a.: *Enzyklopädie des Nationalsozialismus*, Stuttgart 1998.

Biastoch, M.: *Duell und Mensur im Kaiserreich*, Vierow 1995.

Bleuler, A. K.: *Der Codex Manesse*, München 2018.

Brüdermann, S.: *Göttinger Studenten und akademische Gerichtsbarkeit im 18. Jahrhundert*, Göttingen 1990.

Burkhart, D.: *Eine Geschichte der Ehre*, Darmstadt 2006.

Dietzfelbinger, E. u. a.: *Nürnberg - Ort der Massen. Das Reich parteitagsgelände - Vorgeschichte und schwieriges Erbe*, Berlin 2004.

Eis, E.: *Duell. Geschichte und Geschichten des Zweikampfs*, München 1971.

Fabricius, W.: *Die Deutschen Corps. Eine historische Darstellung mit besonderer Berücksichtigung des Mensurwesens,* Berlin 1898.

Frevert, U.: *Ehrenmänner. Das Duell in der bürgerlichen Gesellschaft,* München 1991.

Gierens, M.: *Ehre, Duell und Mensur,* Paderborn 1928.

Gympel, J.: *Geschichte der Architektur,* Bonn 2005.

Golücke, F.: *Kleines Studentenwörterbuch,* Köln 2006.

Haupt, H., Hg.: *Handbuch für den Deutschen Burschenschafter,* 4. Aufl., Frankfurt 1927.

Heither, D.: *Verbündete Männer. Die Deutsche Burschenschaft - Weltanschauung,* Politik und Brauchtum, Köln 2000.

Hug. S. K.: *Straftat ohne Strafe. Zur Rechtsgeschichte der Mensur,* in: *Einst und* Jetzt 50 (2005).

Huhle, H.: *Die Entwicklung des Fechtens an deutschen Hochschulen. Ein Beitrag zur Geschichte der Schläger- und der Säbelmensur,* Stuttgart 1965.

Jarausch, K. H.: *Students, Society, and Politics in Imperial Germany. The Rise of Academic Illiberalism,* Princeton 1982.

Jarausch, K.H.: *Deutsche Studenten 1800-1970,* Frankfurt 1984.

Kaupp, P.: *Goethes Leipziger Duell von 1767 und seine Haltung zur Anti-duellbewegung,* in: *Einst und Jetzt 55 (2010), S. 39-48.*

Kiernan, V. G.: *The Duel in European History. Honour and the Reign of Aristocracy,* Oxford 1988.

Kohut, A.: *Das Buch berühmter Duelle,* Berlin 1888.

Koschorreck, W. (Komentar und Übersetzunng): *Der Sachsenspiegel/Die Heidelberger Bilderhandschrift,* Frankfurt am Main 1980.

Krause, P.: *O alte Burschenherrlichkeit. Die Studenten und ihr Brauchtum,* Graz, Wien, Köln 1980.

Kügler, D.: *Das Duell. Zweikampf um die Ehre,* Stuttgart 1986.

Kühn, U. u. a.: *Bäume. die Geschichten erzählen,* München 2005.

Kurth, A.: *Männer-Bünde-Rituale. Studentenverbindungen seit 1800,* Frankfurt a.M. 2004.

Meyer, H.: *Geschichte der Reiterkrieger,* Stuttgart 1982.

Möller, S.: *Bier, Unfug und Duelle? Corpsstudentische Erziehung im deutschen Kaiserreich 1871-1914,* München 2004.

Nipperdey, T.: *Deutsche Geschichte 1866-1918, Bd. 1, Arbeitswelt und Bürgergeist,* München 1990.

Pedersen, H.: *Das Duell in der Frühen Neuzeit,* Norderstedt 2006.

Pusch, G.: *Über Couleur und Mensur,* Berlin 1887.

Schild, W.: *Die Gottesurteil, in Justig in alter Zeit,* Rothenburg 2005.

Schmiedel, H.: *Berüchtigte Duelle,* München / Berlin 2002.

Schultz, U., Hg.: *Das Duell. Der tödliche Kampf um die Ehre,* Frankfurt a.M. 1996.

Speitkamp, W.: *Ohrfeige, Duell und Ehrenmord,* Stuttgart 2010.

Vondung, K.: *Magie und Manipulation. Ideologischer Kult und politische Religion des Nationalsozialismus,* Göttingen 1971.

Wehler, H-U.: *Deutsche Gesellschaftsgeschichte,* Bd. 1. 1700-1815, München 2006.

도판 출처

p. 12. https://commons.wikimedia.org/wiki/File:Menzura-Korporacja_ Sarmatia_2004.jpg

당신이 몰랐던 컬투의 세계사

1판 1쇄 인쇄 2022년 06월 29일
1판 1쇄 발행 2022년 07월 13일

지은이 하마모토 다카시, 스가노 미치나리
옮긴이 노경아
펴낸이 김영곤
펴낸곳 ㈜북이십일 레드리버

전쟁사팀 팀장 배성원
책임편집 서진교 유현기
디자인 한성미
출판마케팅영업본부장 민안기
마케팅1팀 배상현 이보라 한경화 김신우
출판영업팀 이광호 최명열
제작팀 이영민 권경민

출판등록 2000년 5월 6일 제406-2003-061호
주소 (10881) 경기도 파주시 회동길 201(문발동)
대표전화 031-955-2100
이메일 book21@book21.co.kr
내용문의 031-955-2746

ISBN: 978-89-509-0575-0